Francis MacNutt · Beauftragt zu heilen

Francis MacNutt

BEAUFTRAGT ZU HEILEN
Eine praktische Weiterführung

Verlag Styria   Graz Wien Köln
Verlag Ernst Franz   Metzingen/Württ.

Ins Deutsche übertragen von P. Michael Marsch O. P.
Der Titel der amerikanischen Originalausgabe lautet
THE POWER TO HEAL
und erschien © 1977 by Ave Maria Press, Notre Dame, Indiana
Die Bibelzitate sind der Jerusalemer Bibel entnommen

2. Auflage 1985
Verlag Styria   Graz Wien Köln
Alle Rechte der deutschen Ausgabe vorbehalten
Printed in Germany
Umschlaggestaltung: Gerd Baxmann (Glasmalerei von Prof. Karl Huber
in der Stadtkirche Weil der Stadt)
Gesamtherstellung: Heinzelmann Druckservice GmbH, Metzingen
ISBN 3 222 11232 0 (Styria)
ISBN 3-7722-0175-x (Ernst Franz)

INHALTSVERZEICHNIS

Vorwort 7
Einleitung:
Heilung durch Gebet – Eine Wiederentdeckung 9

Erster Teil
NEUE EINSICHTEN

1. Das Mehr und das Weniger 19
2. Heilung durch Berührung 24
3. Zwei Beispiele 32
4. Stufen menschlicher Heilung 39
5. Ebenen göttlichen Wirkens 44
6. Schwierigkeiten des Beweisens 56
7. Habe ich die Heilungsgabe? 62

Zweiter Teil
DER VERWUNDETE HEILER

8. Glanz und Elend des Heilers 71
9. Nein sagen müssen 76

Dritter Teil
LEIDEN UND TOD

10. Der Wille Gottes 85
11. Leiden 99
12. Tod 101

Vierter Teil
BESONDERE FRAGEN

13. Sündigen wider sich selbst 109
14. Große Heilungsgottesdienste 116
15. Ruhen im Geist 126

Anhang:
Wann sollen wir beten? 148

VORWORT

Seit ich *Die Kraft zu heilen*[1] schrieb, habe ich viele ungewöhnliche Erfahrungen beim Beten um Heilung machen dürfen. Außerdem habe ich an vielen Diskussionen mit Freunden im Heilungsdienst teilgehabt. Das alles hat mich Heilung tiefer verstehen lassen und mir einige neue Einsichten vermittelt, die ich in keinem anderen Buch zum Thema fand. Es drängt mich, diese Erfahrungen einem breiteren Publikum mitzuteilen. Was wir zum Beispiel über die Wichtigkeit des Zeitfaktors bei Heilungen entdeckt haben, scheint mir ein echter Durchbruch im Heilungsdienst.

Es geht hier also nicht darum, frühere Grunderfahrungen zu berichtigen. Was uns der Herr im Laufe der Jahre lehrte, verstehen wir heute nicht anders, sondern besser.

Ich sage: was er *uns* gelehrt hat. Meist habe ich mit einem Team arbeiten können. Das ist mir wirklich zum Segen geworden. Gemeinsam bereisten wir die Vereinigten Staaten, Europa, Südamerika, Afrika, den Fernen Osten und Australien. Zum Team gehörten Frau Barbara Shlemon, Pater Michael Scanlan T.O.R., Schwester Jeanne Hill O.P., Pater Paul Schaaf C.Pp.S., Pastor Tommy Tyson, Frau Ruth Carter Stapleton, Dr. Conrad Baars, die Patres Matt und Denny Linn S.J. und viele andere, die bei der Durchführung der Seminare und beim Durchdenken des beim Gebet Erlebten mitgeholfen haben.

Im Merton House, meinem Heim in St. Louis, haben Schwester Mary Margaret McKenzie V.H.M., Schwester Miriam Young O.P. und Dr. Daryl Anderson und andere mit mir besprochen, was sie im alltäglichen Dienst Innerer Heilung an Sorgen von Langzeit-Patienten miterlebten.

---

[1] Francis MacNutt, *Die Kraft zu heilen,* Verlag Styria, Graz, und Franz-Verlag, Metzingen, 3. Aufl. 1979.

Bei alledem versuchten wir, auf dem aufzubauen, was wir erstmals von Frau Agnes Sanford und anderen Wegbereitern des Heilungsdienstes empfangen haben.

Eine der schönsten Erfahrungen im Heilungsdienst ist das Zusammenwachsen aller Mitarbeiter in gegenseitiger Liebe und Einheit der Sicht – fast als hätten wir die gleichen Dinge zur gleichen Zeit entdeckt.

Das Thema dieses Buches ist Heilungsgebet im allgemeinen und *Gebet um körperliche Heilung* im besonderen. Später hoffe ich ein Buch über seelische Heilung zu schreiben und dann eines über die Befreiung von Dämonen. Das vorliegende Buch ist also notwendig auf *ein* Thema beschränkt. Es setzt die Lektüre eines systematisch angelegten Werkes wie *Die Kraft zu heilen* voraus. Die Kapitel dieses Buches sind eher ein Austausch über verschiedene Entdeckungen und Einsichten: weder umfassend wie eine Vorlesung, noch auf so wichtige Themen wie Heilung in der Gemeinschaft bezogen.

Für den aber, der im Heilungsdienst engagiert ist, wird es sich hoffentlich als ebenso aufrüttelnd und hilfreich erweisen wie für uns selbst.

Meinen Freunden in Clearwater, Florida, danke ich für jenes Refugium, in dem ich ungestört schreiben konnte. Schwester Aimee Mary Spahn O.S.F., Frau Barb Enlow und Betty Holmes danke ich für ihre Zeit und Kompetenz im Schreiben des Manuskriptes.

Vor allem aber danke ich Gott für die großartigen Freunde, die seine größte Heilungsgabe für mich sind.

Francis S. MacNutt O.P.

Einleitung
HEILUNG DURCH GEBET – EINE WIEDERENTDECKUNG

In den vergangenen zehn Jahren hat sich mein Verständnis der Kraft Jesu Christi, Menschenleben zu wandeln, langsam aber sicher verändert. Ich habe nie daran gezweifelt, daß Jesus kam, Menschenleben zu wandeln: durch seine *Lehre*, so meinte ich. Er war der Prophet und der Lehrer, der uns den Weg der Nachfolge wies. Und nicht nur der Lehrer, der den Weg wies, sondern auch das Vorbild: der Weg, die Wahrheit und das Leben.

Das ist sicher richtig. Aber bei alldem hatte ich nicht ganz erkannt, daß auch wir seine *Kraft* brauchen, uns wandeln zu lassen, daß wir nicht einfach lehren und predigen können – und dann darauf warten, daß sich die Menschen ändern.

DIE TIEFE UNSERER VERLETZUNGEN

Erst auf der Oberschule und im College sind mir Schwäche und Ohnmacht des Menschseins richtig bewußt geworden. Zwei Jahre Militärdienst im Zweiten Weltkrieg zeigten mir den Gegensatz zwischen menschlicher Güte und Sünde – in meiner behüteten Kindheit, in der Welt der Privatschulen und Colleges, hatte ich so etwas nie erlebt. Erst das Militär brachte mich mit Menschen zusammen, denen ich praktisch nie trauen konnte. Ich brauchte nicht erst an die Sünde zu glauben: ich *sah*, daß sie die Welt beherrscht. Wie ein Kind war ich vom Geheimnis der Sünde überwältigt. Warum konnten Menschen nur so grausam und so hart sein?

Nach einigen Jahren behüteten Daseins im Priesterseminar begegnete ich dem Bösen erneut. Nach meiner Priesterweihe aber traf ich statt der bösen Menschen oder solcher, die sich anscheinend willentlich in das Böse verstrickten, plötzlich *gute* Menschen, die Hilfe suchten. Sie kamen zur Beichte oder baten um geistliche Führung während der Exerzitien. Es waren *gute* Leute, die in einen Lebensbereich geraten waren, der ihnen böse erschien. Durch Willenskraft allein konnten sie sich nicht befreien. Sie waren geistig und seelisch unfrei. Das quälte sie.

Im Laufe der Jahre erkannte ich, daß die Wirklichkeit des Bösen viele, ja die meisten derer, die um geistliche Führung baten, einfach erdrückte. Allein ihrer Reue und Willenskraft wich das Böse nicht. Ihre Klage glich der des Paulus: »Ich aber bin fleischlich, verkauft unter die Gewalt der Sünde. Was ich tue, verstehe ich nicht. Denn ich tue nicht, was ich will, sondern was ich hasse, das tue ich« (Röm 7,14–15). Unter Tränen gestanden sie Sünden, die sie nicht begehen wollten. Irgend etwas trieb sie dazu. Die Einsamkeit trieb einen Mann in die nächste Stadt; in einem Park oder einer Bar fand er einen anderen Mann. Er empfand Gewissensbisse und Scham. Aber er konnte es nicht lange aushalten ohne solche Begegnungen. Acht Tage später ging das Ganze wieder von vorne los. Bei der Beichte hatte er ein schlechtes Gewissen: immer dieselben Fehler, immer dieselbe Beichte. Was sollte ich sagen? Wie konnte ich ihm helfen?

EINE PSYCHOLOGISCHE LÖSUNG

Um diese Zeit begann ich – wie viele andere Priester auch – Bücher über Psychologie zu lesen. Wir erkannten, daß sehr viele Verhaltensweisen durch vergangene Erfahrungen bestimmt zu sein schienen, für die man den einzelnen nicht verantwortlich machen konnte. Es wurde immer schwieriger, geistliche Probleme von seelischen zu trennen. In Artikeln und Gesprächen gaben Moraltheologen plötzlich zu verstehen, Selbstbefriedigung müsse nicht immer Sünde sein, sicher keine Todsünde; zum Erwachsenwerden gehöre sie einfach dazu. Überhaupt wäre vieles, was wir bis dahin als Sünde ansahen, wie zum Beispiel Trunksucht, eher *Krankheit*. Wir konnten den Leuten nicht einfach sagen, sie sollten es bereuen und sich zusammennehmen. Sie brauchten Hilfe, einen Arzt. Eine Zeitlang schien die beste Lösung Menschen, die an unheilbaren religiösen Problemen litten, zum Psychiater zu schicken.

Aber vielen konnte auch der Psychiater nicht helfen. Offenbar ging es um mehr als bloß darum, den einzelnen Menschen zu heilen. Es ging um unser Verständnis menschlichen Lebens im Licht der *Erlösung*. Soviel Krankheit schien eher zerstörend als erlösend.

Genügten Psychologie und Nächstenliebe wirklich, um tiefsitzende Probleme zu lösen? Zuweilen half Beratung weiter, oft jedoch blieb sie ungenügend. Was tun? Gab es wirklich hoffnungslose Fälle? Mußten sie lernen, ihren Zustand anzunehmen, das Leben als Prüfung hinzunehmen, auf das Glück zu verzichten? Wäre eine derart zynische Lösung realistisch, so würde sie auch das Evangelium aushöhlen. Es würde gerade da bedeutungslos, wo es von Frohbotschaft und Erlösung spricht. Was konnte es dem einzelnen schon bedeuten, daß Jesus die Menschheit rettet und erlöst? Vielleicht konnte man das alles zu einem unverbindlichen Predigtstil überhöhen. Was aber bedeutete es, wenn man einem Freund helfen wollte, der aus Verzweiflung weinte und an Selbstmord dachte?

DIE KRAFT ZU HEILEN

In dieser Geistesverfassung voller Fragen hörte ich 1966 zum erstenmal von jemandem, er glaube, Jesus wolle alle Menschen heilen, wir müßten ihn nur darum bitten. Der Mann sollte viele Heilungen nachweisen können, das schien ihm Beweis genug. Im Grunde hatte er ein sehr einfaches Konzept: er nahm jene Bibelstellen wörtlich, in denen Jesus die Menschen heilt, die sich um ihn scharen. Das Markus-Evangelium (vermutlich das älteste) hebt die vielen hervor, die von Jesus geheilt werden wollten. Oft machten sie es Jesus und den Jüngern unmöglich, zu essen. Manchmal mußte Jesus den See überqueren oder sich sogar in heidnische Gebiete begeben. Auf der Suche nach Heilung ließ ihm die Menge keine Ruhe.

Die Zahl der Heilungstexte in den Evangelien ist eindrucksvoll. Mir fiel es ohnehin leichter, mir die Menschenmenge und die Heilungsszenen ganz realistisch vorzustellen, als sie symbolisch zu verstehen. Als ich daher hörte, daß Menschen gezielt um Heilung beten und den Kranken die Hände auflegen, wollte ich unbedingt wissen, was daran war. Diejenigen, denen ich zuhörte und später auch begegnete, wie etwa Agnes Sanford, beeindruckten mich durch Intelligenz, Aufrichtigkeit und einen beneidenswert hoffnungsstarken Glauben. Sie hofften aber nicht nur, sie verfügten bereits über Erfahrung! Sie sahen Heilung geschehen. Mir schien Heilung durch Gebet ganz außergewöhnlich, für sie war es die reine Fachsimpelei. Endlich beschloß auch ich, mich auf das Wagnis des Glaubens einzulassen. Ich begann, für die Kranken zu beten. Ich betete nicht mehr allgemein und nicht mehr auf Distanz. Da verstand ich einiges anders. Gewisse Elemente der kirchlichen Tradition schienen wirklicher zu sein, als ich dachte.

Die Erbsünde zum Beispiel hat für mich heute nichts Abstraktes mehr, sie ist höchst real. Sie ist ein wirkliches Übel im Leben der Menschen. Gleichzeitig aber ist sie keine *persönliche* Sünde. Sie ist nicht vom einzelnen gewollt. Wir alle sind verwundet. Und wir haben durchaus nicht immer die Willenskraft, das zu ändern. Unser Verstand kann uns verwirren, unsere Gefühle können uns versklaven. Unverständliche Triebe können uns beherrschen. Selbst wenn der Mensch an sich gut ist, weil von Gott geschaffen, gibt es doch das Böse in uns und auch außer uns. »Unser Kampf geht nicht gegen Fleisch und Blut, sondern gegen die Mächte, gegen die Gewalten, gegen die Weltbeherrscher dieser Finsternis, gegen die bösen Geister in den Himmelshöhen« (Eph 6,12).

Ich weiß, für einige heutige Theologen klingt das primitiv. Das Fürbittgebet, so behaupten sie, war bestimmend für die Menschen vorwissenschaftlicher Kulturen. Die Vorherrschaft der Naturwissenschaften seit der kopernikanischen Revolution hat das Fürbittgebet langsam, aber sicher in den Bereich des Aberglaubens abgedrängt. Aus solcher Sicht scheint es negative Spiritualität, die *Grenzen* des Menschen zu betonen. Es klingt, als mißachte man seine nahezu unbegrenzten *Möglichkeiten*, das Universum zu erforschen und zu verändern.

Ich sehe das anders. Ich bin ein christlicher Humanist, der die negativen Seiten des menschlichen Lebens durchaus nicht überbewertet – das Evangelium aber spricht von unserer *Abhängigkeit* von Gott und von unserem Verlangen, ja unserer verzweifelten *Sehnsucht* nach einem Retter. Ohne die rettende Kraft Christi tue ich nicht, was ich will, sondern was ich nicht will (vgl. Röm 7,15). Ich habe einfach zu viele Menschen mir ihr Herz ausschütten hören. Menschlich gesehen war es hoffnungslos, daß sie je wieder auf die Beine kamen. Die Kraft des Menschen, *von sich aus* vollkommen zu werden, hat wirklich ihre *Grenzen*.

Immer wieder aber habe ich erlebt, daß es eine andere Kraft gibt: *die rettende, heilende Kraft Jesu Christi*, die Menschenleben in einem Maße verwandeln kann, wie ich es meiner früheren Erfahrung nach niemals zu träumen gewagt hätte.

Auch Ärzte und Psychologen scheinen heute immer mehr bereit, die Grenzen ihres Schulwissens einzugestehen. Manche Ärzte und Naturwissenschaftler halten freilich weiterhin am Selbstgenügen der Wissenschaft und der menschlichen Natur fest. Im allgemeinen aber finde ich sie heute durchaus offen, die mit Heilungsgebet verbundenen Tatsachen zumindest kritisch zu prüfen. Zuweilen sind Naturwissenschaftler aufgeschlossener als Theologen, Priester und Pastoren. In einem konkreten Fall wurde ein Arzt, der für seine Patienten betete, vom Krankenhaus-Seelsorger wegen unstandesgemäßen Verhaltens bei der Direktion verklagt, von dieser jedoch verteidigt mit dem Hinweis, von ihm wären mehr Patienten in das Krankenhaus eingewiesen worden als von jedem anderen Arzt.

Die einfachste Art, das Evangelium und die Liebe Gottes zu verstehen, liegt in der Feststellung, daß Gott, wenn er schon die *Kraft* hat, jemandem in einer tödlichen Krankheit zu helfen, das auch tun *möchte*. Und was *Er* tut, ist unendlich viel mehr als das, was *ich* tun kann. »Wenn nun ihr, die ihr böse seid, euren Kindern gute Gaben zu geben wißt, wieviel mehr wird euer Vater im Himmel denen Gutes geben, die ihn bitten« (Mt 7,11).

In diesem Buch möchte ich von der Kraft Jesu Christi sprechen, die Kranken zu heilen. Wer nicht überzeugt ist, möge selbst für die Kranken beten oder jemanden begleiten, der das tut – und *dann* urteilen. Mich hat gleichzeitig dreierlei überzeugt:

1. DER MENSCH SCHREIT UM HILFE

Die Seelsorge befindet sich heute in einer bedrückenden Situation. Menschen, die wirklich ein gutes Leben zu führen bemüht sind, die sich ändern möchten, leiden dennoch ständig an denselben Krankheiten, besonders des Geistes und der Seele. Diese Krankheiten sind erdrückend. Sie sind alles andere als erlösend. Wie oft sind diese Menschen versucht, an der Liebe und dem Erbarmen Gottes zu zweifeln. Gäbe es keine heilende Kraft *jenseits* aller menschlichen Möglichkeiten, die sie längst alle durchprobiert haben, was könnten wir ihnen dann noch über den Heilungswillen *Gottes* sagen?

Wie Iwan in Dostojewskis Roman *Die Brüder Karamasow* sind manche Christen, die das menschliche Leiden in der Tiefe zu verstehen suchten, schließlich zu Atheisten geworden, weil das Christentum die Annahme des Bösen als Wille Gottes verkündete. Sie können das mit der Liebe Gottes nicht in Einklang bringen. Manchmal kann zwar aus Krankheit ein höheres Gut entstehen, und Krankheit kann dann als notwendiges Übel angenommen werden. Aber in sich selbst ist Krankheit vom Bösen. Über die wahre Heilkraft und den *Willen* Gottes, uns zur Ganzheit zu führen, entweder in diesem Leben oder im kommenden, müssen wir einfach wieder mehr sprechen. Oft genug aber brauchen wir seine wandelnde Kraft, uns in *diesem* Leben heilen zu lassen.

Jemand hat gesagt, ein Christ kann nicht mit verschränkten Armen zuschauen, wie die Menschheit leidet. Früher habe ich über Krankheit gepredigt, als täte Gott ganz genau das: als schaue er mit verschränkten Armen dem Leiden der Menschheit zu und sage andauernd: »Es wird euch guttun.«[2]

2. DAS EVANGELIUM BEGEGNET DEM MENSCHEN

Das Evangelium begegnet dem Problem der Krankheit direkt. Das herkömmliche Verständnis der christlichen Botschaft besagt: Die Menschheit leidet bis heute an einer ursprünglich sündhaften Situation, nämlich der Erbsünde, aus der sie sich nicht aus eigener Kraft befreien kann. Das Alte Testament berichtet, wie Gott sein auserwähltes Volk ruft und rettet und wie dieses Volk daran scheitert, diesem Ruf entsprechend zu leben. Jesus kam, uns zu retten, uns zu befreien und von den Auswirkungen der Sünde zu heilen. Sünde ist nicht nur eine persönliche Angelegenheit (»Deine Sünden sind dir vergeben«, Lk 7,48), sie gehört zu jenem Allgemeinzustand, in den wir hineingeboren sind (»Diese Tochter Abrahams aber, die der Satan schon achtzehn Jahre lang gebunden

---

[2] Das erinnert mich an einen kürzlich erhaltenen Brief: »Leider sind wir nicht von katholischen Priestern gestärkt worden. Sie teilen die Kommunion aus, murmeln den Segen und sind wieder weg. Beigestanden haben meinem Mann Protestanten. Wir danken dem Herrn; als wir Gebet wirklich brauchten, hat er uns jemand gesandt, der uns stärkte.«

hielt, mußte sie nicht am Tage des Sabbats von dieser Fessel gelöst werden«, Lk 13,16). In der Apostelgeschichte gibt Petrus eine kurze Zusammenfassung des öffentlichen Wirkens Jesu: »Ihr wißt, . . . wie Gott Jesus von Nazaret, angefangen von Galiläa, mit dem Heiligen Geist und mit Wunderkraft gesalbt hat, wie dieser umherzog, Wohltaten spendete und alle heilte, die vom Teufel besessen waren, denn Gott war mit ihm« (Apg 10,38). Jesus befreit die Menschen also nicht nur von der Sünde, sondern auch von körperlicher Krankheit, die zumindest *indirekt* als Auswirkung der Sünde gesehen wird (zumeist nicht der persönlichen Sünde, sondern des Zustands der gefallenen Menschheit).

Die Evangelien berichten außerdem, daß die Kraft, zu befreien und zu heilen, *auch der Kirche* übertragen wurde: »Er rief die Zwölf zusammen und gab ihnen Kraft und Vollmacht über alle Dämonen und zur Heilung von Krankheiten; und er sandte sie aus, das Reich Gottes zu verkünden und zu heilen« (Lk 9,1–2). Durch diese und viele andere Stellen wird klar, daß die Autorität und Kraft Jesu der *ganzen* Kirche übertragen wurde. Niemand hätte das je dogmatisch in Frage stellen wollen, aber es fehlte uns an *Glauben*, es in die *Praxis* umzusetzen.

3. MEINE ERFAHRUNG

Hätten die vorangehenden Überlegungen nicht genügt, mich von der heilenden Kraft Jesu Christi zu überzeugen, meine jüngste Erfahrung hätte mich eines Besseren belehrt. Allein Erfahrung überzeugt. Dem Heilungsgebet gegenüber skeptisch bleiben meist jene, die nur darüber reden, sozusagen von außen, weil sie nicht erlebt haben, was ich erleben durfte:

»Die Zweiundsiebzig aber kehrten voll Freude zurück und sagten: ›Herr, selbst die Dämonen sind uns untertan in Deinem Namen.‹ Er sprach zu ihnen: ›Ich sah den Satan wie einen Blitz vom Himmel fallen. Siehe, ich habe euch die Vollmacht gegeben, über Schlangen und Skorpione zu schreiten, und über alle Gewalt des Feindes, nichts wird er euch schaden. Doch freuet euch nicht darüber, daß die Geister euch unterworfen sind. Freuet euch vielmehr, daß eure Namen im Himmel eingeschrieben sind . . . Selig die Augen, die sehen, was ihr seht! Denn ich sage euch: Viele Propheten und Könige sehnten sich, zu sehen, was ihr seht, und

haben es nicht gesehen, und zu hören, was ihr hört, und haben es nicht gehört.‹« (Lk 10,17–24)

In den vergangenen acht Jahren hatte ich die Freude, durch die Kraft Jesu Christi Menschen geheilt, befreit und gestärkt zu sehen. Vieles daran muß denen unglaublich erscheinen, die es nicht selbst miterlebten. Zum Heilswirken Gottes gehört geistliche Heilung (zum Beispiel eine augenblickliche Befreiung von chronischer Trunksucht), seelische Heilung (zum Beispiel von Schizophrenie und schwerer Depression) und körperliche Heilung (zum Beispiel das Verschwinden einer Geschwulst innerhalb von Minuten). Bei manchen geschehen diese Heilungen sofort, bei anderen allmählich über Monate hinweg, bei wieder anderen scheint sich überhaupt nichts zu tun. Aber ich würde schätzen, daß 75 Prozent der Menschen, für deren körperliche Heilung wir beten, entweder ganz geheilt werden oder eine merkliche Besserung erfahren. Fast *jeder* aber erlebt das Gebet und die Gegenwart Christi als echten Segen. In einem Brief vom 7. Mai 1976 heißt es:

»*Ich schreibe Ihnen, um von einem Wunder zu berichten. Hoffentlich erinnern Sie sich noch an mich. Ich war drogenabhängig. Sie haben mir geraten, mit ... Kontakt aufzunehmen. Das habe ich vergangenen Oktober auch getan. Die Kämpfe, die ich durchzustehen hatte, waren unglaublich. Ich habe hier einen pensionierten anglikanischen Priester gefunden, ... der sehr sorgfältig zwischen seelischen und geistigen Problemen unterscheidet. Erst vor zwei Monaten wurde ich von den Dämonen der Begierde und der Drogen befreit. Seitdem ist mein Leben in der christlichen Therapiegruppe so aufgeblüht, daß ich diese Gruppe mit aller Einverständnis demnächst verlassen kann. Ich habe keine Probleme mehr, weder mit der Begierde noch mit den Drogen. Durch die Beziehung zu Jesus Christus lebe ich völlig in Frieden. Ich preise Gott täglich dafür. Zum erstenmal seit 31 Jahren habe ich wirklich Frieden! ...*«

Vor zehn Jahren hätte ich diesen Burschen als hoffnungslosen Fall abgeschoben. Hunderte wie ihn durch Gebet geheilt oder gebessert zu sehen, hat mir geholfen, die Liebe Gottes zu uns tiefer zu verstehen. Eine neue Welt hat sich mir aufgetan. Ich vertraue darauf, daß Schultheologie und -medizin *die Kraft zu heilen* wiederentdecken werden. Das wird uns in eine Epoche hineinführen, von der wir damals nicht zu träumen gewagt hätten.

Erster Teil

NEUE EINSICHTEN

»*Dann benetzte er dessen Augen mit Speichel, legte ihm die Hände auf und fragte ihn: ›Siehst du etwas?‹ Und er begann zu sehen und sagte: ›Ich sehe die Menschen. Denn ich sehe etwas wie Bäume umhergehen.‹ Hierauf legte er ihm noch einmal die Hände auf die Augen. Da sah er scharf und war wieder hergestellt und sah alles ganz deutlich.*« (Mk 8,23–25)

1. Kapitel

DAS MEHR UND DAS WENIGER

Gewöhnlich werden Menschen durch Gebet nicht vollständig geheilt, sondern *es geht ihnen besser*. Das ist das Wichtigste, was ich in den vergangenen Jahren über Heilungsgebet dazugelernt habe.

Darum erscheint mir diese Aussage heute schon ziemlich selbstverständlich. Auch Heilung durch die Schulmedizin geschieht ja auf diese Weise. Wir gehen zum Arzt und sind glücklich, sobald es uns besser geht. Und wir freuen uns, wenn der Arzt uns Hoffnung macht, daß wir in einer Woche oder in einem Monat wieder ganz gesund sein werden.

In manchen Predigten und Schriften über Heilung durch Gebet hat alles *jetzt* zu geschehen. Aber die Frage »Können Sie behaupten, daß Sie geheilt sind?« bringt viele Kranke in Verlegenheit. Durch ihr »Ja« möchten sie ihren Glauben beweisen, ehrlicherweise aber müssen sie sagen: »Ich kann noch nicht gehen. Ich bin also nicht sicher.« Bei *großen* Heilungsgottesdiensten geschehen die sichtbaren Heilungen meist sofort oder kurzfristig, zum Beispiel verschwindet ein Tumor innerhalb von zehn Minuten. Wer an großen Heilungsgottesdiensten teilnimmt, wird sich also sagen: »Jetzt – oder nie!«

Aber selbst Jesus mußte *zweimal* mit einem Blinden beten. Nach dem ersten Mal ging es dem Mann besser, die Menschen sahen für ihn aus wie wandelnde Bäume. Jesus mußte ihm noch einmal die Hände auf die Augen legen, erst dann sah er deutlich (vgl. Mk 8,22–26).

Das Grausamste, was man tun kann, ist nämlich, dem Kranken, dem es besser geht, zu sagen: »Sie müssen eben *glauben*, daß Sie geheilt sind. Ein zweites Mal für Sie zu beten würde heißen, daß Sie nicht genug *glauben*.«

Immer wieder mußte ich solche Scherben auflesen: Kranken, die beim Gebet eine deutliche Besserung erfuhren, aber weiter unter dem Symptom ihrer Krankheit litten und langsam daran verzweifelten, weil sie meinten, es mangle ihnen an Glauben, mußte ich von neuem versichern, *daß* etwas geschehen ist. Oft liegt es wirklich nicht am Kranken, sondern am Betenden, dem es an Einsicht fehlt. Er gibt sich derart autoritär, daß der eingeschüchterte Kranke meint, er spreche mit der Autorität Gottes.

Wir beten zum Beispiel einmal für Krebspatienten. Einige wurden geheilt. Ein Lungenkrebs verschwand vollständig, wie durch die Röntgenbilder bestätigt wurde. Ein Jahr später erschien der Krebs erneut im Bereich des Darmtraktes. Die einfachste Erklärung schien mir: Die meisten Krebszellen waren vernichtet, einige aber wucherten in anderen Bereichen weiter. Hätten wir es weniger eilig gehabt, die Heilung des Mannes zu verkünden, dann hätten wir mit ihm noch mehrmals gebetet, um durch Gottes Heilkraft die letzten Reste des Krebses zu tilgen.

Vorigen Sommer beteten wir für eine Frau mit einem schweren Rückenleiden. Bevor wir anfingen, untersuchte ein Arzt die verschiedenen Bereiche. Wir beten so lange, bis aller Schmerz vergangen schien. Die Frau konnte sich frei ohne Rückenschmerzen bewegen. Soweit *ich* sah, war sie geheilt. Der Arzt tastete die verschiedenen Bereiche ab. Als er an eine bestimmte Stelle kam, schrie die Frau auf. Der Arzt sagte: »Ich habe solche Beschwerden noch nie so schnell verschwinden sehen. Sie ist zu 95 Prozent beschwerdefrei. Aber hier ist noch ein schmerzender Bereich.« Wir beteten, bis auch dort der Schmerz wich. Als medizinischer Laie konnte ich natürlich nicht wissen, daß sie noch nicht ganz geheilt war und also weiteres Gebet brauchte.

Bei Krankheiten wie Krebs ist es schwierig, sofort festzustellen, ob vollständige Heilung erfolgt ist. Hier sollte weitergebetet werden, es sei denn, wir empfangen eine Offenbarung von Gott.

PRAKTISCHE FOLGERUNGEN

Der folgende Brief, geschrieben ein Jahr nach dem Heilungsgebet, ist typisch für eine Besserung ohne vollständige Heilung, wie wir sie oft erleben:

»Ich kam verkrüppelt und schielend zur Welt. Nach Ihrem

Gebet für mich ließ das Schielen nach. Der Rücken streckte sich, der linke Fuß wurde gerade, das linke Bein gleich lang wie das rechte. Ich brauche nicht mehr zu humpeln. Mit den Beinen geht es nach und nach besser.«

Eine Frau, die zwanzig Jahre wegen Kinderlähmung an den Rollstuhl gefesselt war, schreibt:

»Als Sie und Schwester Jeanne voriges Jahr für mich beteten, wurde mein Bein länger, sonst wurde keine Veränderung sichtbar. Im Mai 1975 nahm mich mein Mann mit zur Konferenz für Charismatische Erneuerung in Rom. Während der Messe am Pfingstmontag im Petersdom kam eine Dame auf mich zu (mein Rollstuhl stand hinter der Musikgruppe). Sie sagte, der Herr stände in der Kuppel, er breite seine Hände über mich und werde mich heilen. Ich dachte: ›Lieber Himmel, noch so eine.‹ Ich dankte ihr, wandte mich um und versuchte etwas zu sehen. Von einem Rollstuhl aus sieht man nicht gerade viel. Etwas später kam sie noch einmal und sagte, ich solle die Heilkraft der Eucharistie erbitten, während ich die heilige Kommunion empfange. Ein Mädchen aus der Musikgruppe teilte ihre Hostie mit mir. Plötzlich war ich in Wärme eingehüllt: Welle um Welle einer Art elektrischen Stroms hob mich fast aus dem Rollstuhl. Mein Mann glaubte, mir wäre schlecht geworden. Nach der anfänglichen Überraschung merkte ich, was geschah. Die Dame erschien wieder und sagte mir, ich solle an meine Heilung glauben und nicht daran zweifeln, auch wenn sie nicht auf einmal geschähe. Dann war sie wieder weg. Ich habe sie nie wieder gesehen. Aber Gott wirkt weiter an mir, Tag für Tag fühle ich mich stärker. Ich kann Dinge tun, zu denen ich seit zwanzig Jahren nicht mehr fähig war. Die Rückgratverkrümmung ist gewichen, meine Schultern sind gerade, der Rumpf ist wieder aufgerichtet. Die linke Gesichtshälfte hängt nicht mehr herunter. Ich habe das Gefühl, als wären alle Knochen neu zusammengefügt. Ich glaube, das geschah wirklich. Ich kann mich nach links und rechts wenden und im Rollstuhl auch hinter mich sehen! Ich kann essen, ohne den Ellbogen zum Anheben zu benutzen! Ich kann das linke Bein und auch die Hüfte aus dem Stuhl heben! Ich kann ein Bein über das andere schlagen! Ich kann den linken Arm halbhoch halten, um den Herrn zu preisen. Zum ersten Mal seit zwanzig Jahren kann ich meinen Mann mit diesem Arm umarmen! Die Hüftmuskeln werden stärker und auch das rechte Bein! Dadurch

wird das Heben viel leichter. Der rechte Arm bewegt sich noch nicht, aber das wird auch noch kommen.«

Bei wiederholten Gebetssitzungen brauchen wir nicht jedesmal von vorn anzufangen. Wir brauchen das früher begonnene Gebet nur *fortzusetzen*. Bei Wiederholungsgebeten können wir einfach in Sprachen beten (Glossolalie) und den Geist Gottes bitten, durch uns zum Vater für das zu beten, was der Kranke am nötigsten braucht. »Ebenso nimmt sich auch der Geist unserer Schwachheit an. Wir wissen ja nicht, um was wir bitten sollen, wie es sich gehört. Da tritt der Geist selbst für uns ein mit unaussprechlichen Seufzern« (Röm 8,26).

Aufgrund der folgenden Einsichten haben sich meine Möglichkeiten, den Kranken zu helfen, erheblich erweitert:

1. Bei den meisten Heilungen spielt der *Zeitfaktor* eine Rolle. Selbst Sofortheilungen benötigen einen Zeitraum von einigen Minuten, in denen die Veränderung eintritt.

2. *Mehr oder weniger innere Kraft,* mehr oder weniger innere Autorität fallen ebenfalls ins Gewicht. Ich bin nicht Gott, sondern habe nur *Anteil* an seinem Leben. Die Wirkung meines Gebetes auf den Kranken heilt ihn vielleicht nicht ganz. Ich bin selbst ein verwundeter Heiler.

3. Folglich werden viele Menschen, mit denen ich bete, nicht *ganz* geheilt, sondern *es geht ihnen besser.*

Aus diesen Einsichten ergeben sich folgende veränderte Einstellungen zum Heilungsdienst:

1. Ich muß mich befreien von dem Schema: durch Gebet geheilt – nicht durch Gebet geheilt. Ich habe Grund genug, mich zu freuen, wenn viele oder auch nur einige, für die ich bete, *etwas* von Gottes Heilkraft erfahren und es ihnen besser geht.

2. Ich möchte noch inniger in die Einheit mit Jesus Christus hineinwachsen, so daß mehr von *seinem* Leben, *seiner* Weisheit, *seiner* Autorität und *seiner* Heilkraft durch mich wirken kann. Auch das ist ein Prozeß, der Zeit braucht. Ich werde Geduld üben müssen. Wachstum ist ein organischer Prozeß.

3. Auch mit den Kranken werde ich geduldiger sein müssen. Oft brauchen wir einfach mehr *Zeit,* bis jemand vollständig geheilt wird.

Schwarz auf weiß sieht das alles so einfach aus. Manch einer, der einen kraftvollen Heilungsdienst ausübt, braucht dennoch Zeit, es zu lernen. Je wirksamer die Heilungen, desto schwerer die Umstellung, nicht nur in Kategorien von »Ja« und »Nein« zu denken, nicht nur die Geheilten und die Kranken zu sehen, sondern auch *das Mehr und das Weniger* zu beachten, die leichte Besserung und das langwierige Wachstum.

2. Kapitel

HEILUNG DURCH BERÜHRUNG

Anfangs wollte ich vom Heilungsgebet nur lernen, wie man es im Glauben *formuliert*. Handauflegung, so meinte ich, wäre weniger wichtig als das gesprochene Wort. Berührung aber kann Gebet von ganz eigener Kraft sein.

Zwar heilte Jesus zuweilen nur durch Worte oder Gedanken; der Kanaaniterin, die ihn bat, ihre Tochter aus der Entfernung zu heilen, sagte er zum Beispiel: »Frau, dein Glaube ist groß. Dir geschehe nach deinem Verlangen. Und von jener Stunde an war ihre Tochter geheilt« (Mt 15,28). Aber bei anderen Gelegenheiten heilte er nur durch Berührung. Die Frau, die seit Jahren an Blutungen litt, wurde geheilt, als sie den Saum seines Gewandes berührte: »Sofort aber merkte Jesus, daß eine Kraft von ihm ausgegangen war« (Mk 5,30). Und weiter lesen wir: »Als die Leute jenes Ortes ihn erkannten, sandten sie Boten in die ganze Umgegend, und man brachte die Kranken zu ihm. Und sie baten ihn, daß sie wenigstens die Quaste seines Gewandes berühren dürften. Und alle, die sie anrührten, wurden geheilt« (Mt 14,35–36).[1]

WENN MAN NICHT SPRECHEN KANN

Besuchen wir jemanden im Krankenhaus, so wäre es unangebracht, die anderen Patienten oder Schwestern durch lautes Gebet zu stören, zum Beispiel spät abends auf der Intensivstation. Einfach dasein, die Hand des Patienten halten und still beten oder auch nicht, kann durchaus Gottes Heilkraft vermitteln.

Unsere Kultur ist sehr auf das Wort abgestellt. Wenn ich kein Gebet sprechen kann, und sei es auch nur im Stillen, fühle ich mich

---

[1] Gewöhnlich scheint Jesus jedoch den Menschen angerührt *und* der Krankheit geboten zu haben, zu weichen. Das Wort *und* die Berührung waren gegenwärtig.

nicht wohl. Aber das ist *meine* Schwäche. Würde ich Gott mehr vertrauen, brauchte ich nichts zu sagen.

Eine Ordensfrau, die Krankenschwester ist, bittet Gott jeden Morgen, ihre Hände zum Heilen und Trösten zu gebrauchen: ihre Hände seine Hände sein zu lassen. Dann macht sie einfach ihre Arbeit. Die Patienten spüren den Unterschied, wenn sie ihnen den Rücken einreibt oder sie badet.[2]

WENN MAN LANGE BETEN MUSS

Ich komme immer mehr zur Einsicht, daß wir für die chronisch Kranken manchmal nicht lange genug beten. Wird wirklich lebenspendende Kraft übertragen, so braucht sie Zeit, die bereits eingetretenen Veränderungen und Verfallserscheinungen zu überwinden.

Beten wir aber längere Zeit, so gehen uns bald die Worte aus. Einfach dazusein, den Menschen zu berühren und vielleicht in Sprachen zu beten scheint dann eine echte Hilfe, ein kraftvolles Gebet in sich selbst.

Anfänglich betete ich – auf den Inhalt konzentriert – nicht mehr als zwei Minuten: Beten schien mir, Gott zu Hilfe zu rufen. Wir brauchten nur zu rufen – ob Heilung stattfand oder nicht, dafür war Gott verantwortlich. Ruft jemand von weither an und man betet telefonisch mit ihm um Heilung, so weiß man, daß man absolut nichts tun kann. Ob am anderen Ende etwas geschieht, liegt allein bei Gott. Bei Heilung durch Berührung aber scheint der Heilende direkter eingespannt. Oft spürt man so etwas wie Wärme in den Händen oder auch in dem Menschen, für den man betet.[3] Zuweilen meint man sich von einer Kraft durchströmt. In meinem Buch *Die Kraft zu heilen* habe ich diese bekannten Erscheinungen beiläufig erwähnt (S. 211f). Einige dieser Empfindungen lehren

---

[2] An der Krankenpflegeschule der Universität New York wurden in einem nichtreligiösen Rahmen Untersuchungen über die Auswirkungen von Handauflegung mit Heilungsintention durchgeführt. Dadurch ist erwiesen, daß durch Handauflegung von seiten der Krankenschwester die Genesungskraft des Patienten steigt. Siehe dazu den Artikel von Dolores Krieger im *American Journal of Nursing*, Mai 1975, S. 784ff.

[3] Betet man dagegen für Beschwerden, bei denen schon eine Entzündung vorliegt, wie zum Beispiel Arthritis, so empfinden manche eine wohltuende Kühlung.

uns besser beten. Vom Geheimnis göttlicher Kraft werden wir nie viel verstehen. Aber wenn eine Kraft von uns ausgeht wie von Jesus, können wir vielleicht *etwas* davon verstehen lernen.

Wir teilen das Leben Gottes. Das gehört zu unserem christlichen Glauben. Vater, Sohn und Heiliger Geist leben in uns. Ich vermute, die durch dieses Leben erzeugte Energie kann mitgeteilt und durch Berührung vom einen zum andern übertragen werden. Jeder hat Bereiche, in denen geistig, seelisch und körperlich Krankheit, Schwäche und Tod am Werk sind. Betet aber ein anderer Christ oder eine Gemeinschaft mit ihm, so übertragen sich auf ihn Leben, Liebe und die Heilkraft Jesu.

Bei vielen Krankheiten, zum Beispiel Krebs, kann es einfach *Zeit* brauchen, bis die Ausstrahlung der Kraft Jesu alle Krebszellen zerstört. Wie *eine* Kobaltbestrahlung nicht gleich *alle* Krebszellen vernichtet, sollten wir nicht erstaunt sein, daß es zur Gebetsheilung chronisch Kranker ebenfalls Zeit braucht. Unter Zeit zum Gebet verstehe ich entweder Monate und Jahre ständigen, wenn auch unterbrochenen Gebetes oder bis zu acht Stunden konzentrierten Gebetes ohne Unterbrechung. Dieses Langzeitgebet nenne ich *Durchdringungsgebet*, ein Wort, das ich zuerst von meinem Freund Pastor Tommy Tyson gehört habe.

DURCHDRINGUNGSGEBET

Gemeint ist die Zeit des Durchdrungenwerdens bis auf den Grund von etwas Vertrocknetem, das zu neuem Leben erwachen soll. Das geschieht durch Handauflegung, wenn Gott uns bittet, daß wir uns Zeit nehmen, um die Krankheit durch die Kraft seiner Liebe zu vertreiben. Es ist ein sehr behutsames Gebet.

Die Bedeutung der Zeit habe ich zunächst im Gebet mit Patienten, die an Arthritis litten, entdeckt. Bei *großen* Gebetstreffen wurden Leute mit arthritisch verkrüppelten Händen gelegentlich sofort geheilt. Betete ich aber *allein* für sie, fand meist nur eine leichte Besserung statt: die Finger streckten sich leicht, Handgelenke und Finger wurden etwas beweglicher, die Schmerzen ließen teilweise oder ganz nach. Kurz, eine merkliche Besserung trat ein, aber keine vollständige Heilung. Wie also sollte es weitergehen? Jesus sagt, wir sollen uns Zeit nehmen zum Beten und beharrlich bleiben. »Bittet, und es wird euch gegeben werden, suchet, und ihr werdet finden, klopfet an, und es wird euch aufgetan werden« (Lk 11,9) ist die Lehre aus folgendem Gleichnis: Mitten in der Nacht klopft jemand bei seinem Freund an. Er bekommt die verständliche Antwort: »Laß mich in Ruhe!« Der Mann ruft und klopft weiter, bis der andere endlich aufsteht. »Wenn er auch nicht deswegen aufstehen und ihm geben wird, weil er sein Freund ist, so wird er doch wegen seiner Zudringlichkeit aufstehen und ihm alles geben, was er braucht« (Lk 11,5–8). Ähnlich geht es der Witwe, die auf ihrem Recht beharrt. Der Richter gibt nach, um in Ruhe gelassen zu werden. Jesus zieht daraus die Lehre: »Gott aber sollte seinen Auserwählten, die Tag und Nacht zu ihm rufen, nicht Recht schaffen und sollte sie lange warten lassen? Ich sage euch, schnell wird er ihnen Recht schaffen. Doch wird der Menschensohn, wenn er kommt, Glauben finden auf Erden?« (Lk 18,7–8) Selbst Jesus sagt also von Gott, er kann seine Antwort auf unser Gebet *aufschieben.* Jesus ermutigt uns damit, Tag und Nacht zu rufen.

Um auf die Arthritis-Patienten zurückzukommen: Es schien mir angezeigt, mehr Zeit auf das Gebet zu verwenden, um zu sehen, ob mehr geschieht. Hatte die Heilung schon eingesetzt, so führte mehr Gebet oft zu mehr Heilung. Diese Tatsache war mir völlig neu. Darüber hatte ich noch nie etwas gelesen. Wie jede neue Entdeckung führte sie zu einem neuen Problem. Ich hatte einfach nicht soviel Zeit für den einzelnen, besonders bei großen Gebetstreffen. Je mehr ich über den Zeitfaktor wußte, desto unbehaglicher wurde mir, zum Beispiel wenn ich bei Exerzitien nach dem Vortrag um 10 Uhr abends einer ganzen Menschenschlange gegenüberstand. Sah ich die Schwere ihrer Leiden, so kam ich mir vor, als würde ich sie betrügen, wenn ich ihnen nicht die Zeit gab, die sie brauchten. Schließlich sah ich ein, daß einige sicher nicht mehr heute abend geheilt würden – aber daß sie vermutlich geheilt werden könnten, wenn nur irgend jemand genug Zeit hätte, sie mit Gebet zu durchdringen. Nach meinem Gebet würden sie vielleicht sogar zögern, später jemand anders längere Zeit für sich beten zu lassen, weil ich doch schon mit ihnen gebetet hatte. Vielleicht würde es ihnen wie Mangel an Glauben vorkommen, Gebet auf Gebet zu häufen. Heute sage ich den Menschen: wenn sie eine Besserung, aber keine totale Heilung feststellen, dann sollen sie sich ruhig jemanden suchen, der längere Zeit mit ihnen betet;

vielleicht habe durch mein Gebet ihre Heilung begonnen, durch das Gebet eines anderen aber werde sie vollendet.

Deswegen habe ich viele Menschen das Durchdringungsgebet gelehrt: Eltern für ihre Kinder, Männer für ihre Frauen, Männer und Frauen füreinander und für die Heilung all jener langwierigen und tiefliegenden Erkrankungen, die auf kürzere Gebete nicht ansprechen. Geistig Zurückgebliebene zum Beispiel, die selten in einem Augenblick geheilt werden, werden auffallend gebessert und gelegentlich ganz geheilt, wenn Eltern ihr Kind über Monate oder Jahre hinweg mit Gebet durchdringen.

DAS WIE DES DURCHDRINGUNGSGEBETES

Durchdringungsgebet braucht Zeit. Wir haben dafür einen sehr einfachen Weg gefunden. Zunächst erfolgt ein Gebet, das Gott auf dem gewöhnlichen Weg bittet, den Kranken zu heilen. Weil es sinnlos wäre, das andauernd zu wiederholen, legen wir dem Kranken die Hände auf, und zwar so, daß jeder dabei eine bequeme Stellung einnimmt. Durchdringungsgebet kann dann ähnlich wie ein Gebetstreffen verlaufen: Nach dem anfänglichen Heilungsgebet können Gesang und Stille abwechseln. Es kann jeder in seiner Sprache beten oder leise in anderen Sprachen. Man kann das so verstehen, daß eine Art Leben oder Kraft so lange in den kranken Bereich einströmt, wie unser Gebet andauert. Beten wir im Team, so kann man leicht auch einmal den Platz wechseln, wenn jemand müde wird. Und warum sollte man nach einer Stunde Gebet nicht zehn Minuten Kaffeepause einschalten und dann wieder weiterbeten?[4] Dieses ständige Gebet kann so lange dauern, wie wir es für richtig halten. Haben wir für ein halbes Dutzend Menschen zu beten, so sollten wir mit einem oder zwei je zehn Minuten beten. Haben wir nur einen, so können wir von zehn Minuten bis zu

---

[4] Einige meinen immer noch, es gäbe einen heiligen und einen weltlichen Bereich. Sie wissen nicht recht, ob und wie Gebet und Entspannung vereinbar sind. In einem Heilungsseminar in Venezuela schlug ich nach einem einstündigen Vortrag vor, für ein oder zwei Personen zu beten, dann eine halbe Stunde Kaffeepause einzuschalten und dann bis zum Mittagessen eine weitere Stunde zu beten. Einige waren schockiert über den Vorschlag einer Kaffeepause. Die eine Tätigkeit, nämlich das Gebet, schien ihnen heilig und die andere, nämlich das Kaffeetrinken, weltlich.

mehreren Stunden beten, je nach der Weisung des Geistes, der Energie der Teilnehmer und dem Heilungsgeschehen beim Kranken.

Auf vielfache Weise finde ich es hilfreich, mir Durchdringungsgebet wie Röntgenbestrahlung vorzustellen. Je länger der kranke Bereich der Strahlung göttlicher Heilkraft ausgesetzt ist, desto mehr erkrankte Zellen werden vernichtet. Manchmal kann man sogar zusehen, wie während des Gebetes ein Tumor oder Gewächs nach und nach verschwindet.

Bei Röntgenbestrahlung besteht das Problem, daß auch gesunde Zellen vernichtet werden. Deswegen hat die Behandlung ziemlich kurz zu sein, damit gesundes Gewebe nicht zu stark in Mitleidenschaft gezogen wird. Das Wunderbare am Heilungsgebet ist, daß es keine schädlichen Nebenwirkungen hat. Man kann beten, solange man will. Grenzen gesetzt sind nur unserer Kraft. Gebet ist Kraftabgabe. So müssen wir uns selbst Grenzen auferlegen und uns zuweilen ausruhen.

Verbringen wir erhebliche Zeit mit einem Menschen im Gebet, so sollten wir im Normalfall eine Weisung dafür erhalten haben, zum Beispiel durch ein Wort der Erkenntnis. Betet einer mit jemandem lange und es geschieht nichts, so wird er sich schuldig fühlen, er hätte den Erwartungen nicht entsprochen. Gewöhnlich bete ich längere Zeit nur dann, wenn bei einem ziemlich kurzen Heilungsgebet etwas *zu geschehen begonnen hat*. Besserung weist darauf hin, daß wir uns mehr Zeit nehmen sollten, die Heilung zum Abschluß zu bringen.

Was bei einem kurzen Gebet begonnen hat – zum Beispiel die Rückbildung einer Geschwulst –, kann manchmal stundenlang von selbst weiterwirken, auch wenn wir mit dem Gebet schon aufgehört haben und der Kranke nach Hause gegangen ist. Ein anderes Mal aber scheint die Besserung nur fortzuschreiten, solange wir weiterbeten.[5]

---

[5] Vor kurzem traf ich in Phoenix einen Mann, für den ich vor einem Jahr gebetet hatte. Er hatte Beschwerden in der Ferse und im Knöchel gehabt und konnte nicht ohne Schmerzen laufen. Seitdem wir vor einem Jahr mit ihm gebetet hatten, war er beschwerdefrei. Zum ersten Mal seit Jahren konnte er schmerzfrei gehen. Nun erzählte er mir, daß die Heilung angehalten habe, aber in dem Stadium stehengeblieben wäre, bis zu dem sie damals gediehen war: der Schmerz war weg und eine erhebliche Beweglichkeit wiedergekommen. Nachdem wir nun neuer-

Ich verstehe das alles nicht. Ich teile hier nur mit, was ich erlebt habe, damit Gottes Wege nicht verbaut werden, sondern offen bleiben für all das, wozu er uns durch jeden ruft, mit dem wir beten.

Beim Oregon Camp Farthest Out (einer Art von Exerzitien) im Juni 1975 begannen wir in einer Gruppe für Bunni Determan zu beten, ein hübsches junges Mädchen, das wegen einer schweren Rückgratverkrümmung ein Nackenkorsett tragen mußte. Bunnis Mutter, eine Krankenschwester, gehörte zur Gebetsgruppe und konnte nach zehn Minuten Gebet mitteilen, daß eine Veränderung eingetreten war. So beteten wir zwei Stunden weiter. Danach war die Verkrümmung am oberen Rückgrat verschwunden. An den nächsten beiden Tagen betete die Gruppe, zu der viele von Bunnis Alterskameradinnen gehörten, je eine Stunde weiter. Am Ende der Exerzitien schien Bunnis Rückgrat zu etwa 80 Prozent geheilt. Durch das anhaltende Gebet ihrer Mutter und ihrer Freundinnen ist sie inzwischen von ihrem Nackenkorsett befreit. Das Rückgrat scheint zu 90 Prozent geheilt. (Gewöhnlich verschlechtert sich eine Rückgratverkrümmung fortschreitend. Die Ärzte können meist nur eine weitere Verschlimmerung zu verhindern suchen.)

Irgendwer fragt immer, warum wir so lange beten müssen. Er weist darauf hin, daß Jesus gewöhnlich mit einem einzigen Wort geheilt hat.[6] Wir können antworten, daß auch Jesus mit dem Blinden *zweimal* beten mußte (Mk 8,22–26) und daß er uns ermutigt hat, Tag und Nacht den Vater zu bitten. Dazu kann ich nur sagen, daß gelegentlich sich Zeit nehmen zum Gebet entscheidend ist – und daß es etwas nützt!

Schwere Krankheiten aber werden selten sofort geheilt, auch nicht durch Menschen mit bewährten Heilungsgaben. (Ich spreche hier von der Spontanheilung Schwerkranker im Vergleich zur Vielzahl derer, für die gebetet wird.) Selbst wenn viele kleinere Beschwerden sehr schnell durch Gebet geheilt werden, so sind es doch die andauernden organischen Leiden wie Knochenbrüche

---

lich weiter beteten, ließ sich der vorher versteifte Knöchel noch besser bewegen. Je länger wir beteten, desto besser wurde die Beweglichkeit. Schließlich mußte ich aufhören, weil noch andere warteten. Aber er und seine Frau werden so lange weiterbeten, bis die Heilung abgeschlossen ist.

[6] Es handelt sich hier um jene Art Gesetzesgerechtigkeit, die in unseren Gebetsgruppen und ganz allgemein im Christentum so verheerende Wirkungen zeigt.

oder fühlbare Tumore, die die meiste Zeit in Anspruch nehmen. Im Vergleich mit den Wochen und Monaten, die man damit im Krankenhaus zubringen muß, bis man gesund ist oder es einem auch nur etwas besser geht, scheinen acht Stunden Gebet doch eher eine kurze Zeit. Hat ein Mensch zwanzig Jahre lang unter fortschreitender rheumatischer Arthritis gelitten, so wird er wohl auch meinen, daß eine Genesungszeit von einem halben Jahr mit einer Wochenstunde Durchdringungsgebet kaum zu lang ist. Außerdem geschieht es schmerz- und kostenlos. Immer wieder kann ich nur Gott danken, wenn ich einen Freund als geheilt erlebe – ganz unabhängig davon, wieviel Zeit und Energie wir im Gebet für ihn aufgewandt haben.

3. Kapitel

ZWEI BEISPIELE

Um eine weitere Vorstellung von den verschiedenen Wirkungsweisen des Durchdringungsgebetes zu geben, möchte ich hier von zwei Fällen berichten: Lisa und Teresa.

1. Mit *Lisa Scarbrough* haben wir gerade erst angefangen zu beten. Ich habe keine Ahnung, was schließlich mit ihr geschehen wird. Aber diese Anfänge zeigen, wie man selbst oder eine Gruppe sich berufen fühlen kann, über einen längeren Zeitraum für einen Kranken zu beten. Lisa ist heute achteinhalb Jahre alt. Mit zweieinhalb meinte man, sie hätte einen Hirntumor. Mit fünf stellten die Ärzte dann aber Rückenmarksschwund fest. Mit acht konnte Lisa nicht mehr sprechen, nicht mehr sehen und auch die Muskeln nicht mehr beherrschen. Sie war bettlägerig und mußte künstlich ernährt werden. Das Rückgrat war so verkrümmt, daß die linke Hälfte des Brustkorbs herausragte und das rechte Bein etwa 5 cm kürzer war als das linke. Nach einer Woche Durchdringungsgebet mit Unterbrechungen sandte mir Lisas Mutter, Frau Elyse Scarbrough aus Dallas, Texas, ihr Tagebuch. Ich gebe hier einige Auszüge wieder:

Donnerstag, 22. April 1976
Pater Dominic Tamburello O.P. rief mich an und lud mich mit Lisa zur Abschlußmesse der Dominikaner-Exerzitien in der Bischof-Lynch-Schule ein. Nach der Messe beteten Pater MacNutt und Pater Tamburello und Herr Bob Cavnar mit Lisa, nachdem sie ihr die Krankensalbung gespendet hatten. Nach zehn Minuten Gebet hatte sich das untere Rückgrat um ungefähr 2,5 cm gestreckt. Pater MacNutt erbot sich, am nächsten Morgen zu uns nach Hause zu kommen, um nochmals mit Lisa zu beten.[1]

---

[1] Es war die typische Situation, wie ich sie im vorigen Kapitel erwähnte: Zu später Stunde warteten mehrere hundert Menschen auf Gebet. Da schon nach zehn

Freitag morgen, 23. April
Auf dem Weg zum Flughafen kamen Pater MacNutt und Bob Cavnar bei uns vorbei. Von meiner Gebetsgruppe Pius X. in Dallas waren auch einige dabei. Wir zeichneten die Krümmung von Lisas Rückgrat mit roter Tinte an, um sie deutlicher zu erkennen. Nach etwa zwanzig Minuten Gebet ging die Krümmung um etwa 2,5 cm zurück. Lisas rechtes Bein wurde um 0,5 cm länger. Preis dem Herrn! Bob Cavnar mußte dann Pater MacNutt zum Flughafen bringen. Einige von der Gruppe blieben den ganzen Tag bei Lisa.
Freitag nachmittag, 23. April
Heute nachmittag bemerkte ich, daß Lisas rechtes Bein noch länger geworden war, wenn auch nur etwas. Den ganzen Abend kamen Freunde und beteten mit Lisa. Sie konnte flach auf dem Bauch liegen. Das war ihr vorher nicht möglich gewesen.
Samstag, 24. April
Wieder kamen Mitglieder der Gebetsgruppe. Im Nackenbereich hat sich das Rückgrat leicht gestreckt. Der Nacken scheint beweglicher. Der linke Brustkorb ragt weniger hervor.
Sonntag, 25. April
Ich nahm Lisa mit zum Gebetstreffen in der Bischof-Lynch-Schule. Im Verlauf dieses Treffens kam ein Mann und fragte, ob er mit Lisa beten dürfe. Ich nickte.
Gegen Ende sangen wir eine Strophe von »Halleluja, mein Vater«. Bob Cavnar sagte, wir singen das noch einmal und denken nach, worum wir Gott bitten möchten, sei es um etwas Großes oder Kleines. Ich stellte mir Lisa vor, wie sie mir die Arme um den Hals legt. Ohne sie anzuschauen, legte ich ihr die Hand auf die Brust.
Meine Hand begann zu zittern, ich fühlte Wärme, dann Hitze. Meine Hand prickelte.
Der Mann, der mit Lisa gebetet hatte, sah mir wohl an, daß etwas geschah. Er kam und begann zu beten. Er legte seine Hand neben meine auf Lisas Brust. Ich konnte meine Hand nicht bewegen. Der Bereich des herausstehenden Brustkorbes wurde wachsweich, dann bildete er sich zurück.
Mehrere Leute bemerkten, daß etwas geschah, kamen und

Minuten Gebet etwas mit Lisas Rückgrat geschehen war, bestand Hoffnung, daß sie noch weiter geheilt werden würde, wenn wir Zeit fänden, allein für sie zu beten.

beteten ... Der Mann, der mit Lisa gebetet hatte, sagte, als er hereingekommen sei und Lisa bemerkt hätte, habe ihm der Herr gesagt, ihr Name sei »Lisha«, er solle für sie beten. Großer Jubel herrschte an diesem Abend!
Montag, 26. April
Vier von unserer Gruppe beteten mit Lisa. Ich legte meine Finger auf Lisas Nacken und massierte ihn. Wieder fühlte ich Hitze und ein Kribbeln in den Fingern. Unwillkürlich rieb ich ihr die Kehle mit dem Daumen. Später bemerkte ich, daß sich in der Nackengegend das Rückgrat total gestreckt hatte.
Donnerstag, 29. April
Die Verkrümmung ist immer noch in Bewegung, aber so langsam, daß man es kaum bemerkt. Wir beten täglich mit einigen von der Gruppe. Seit dem 23. April hat Lisa täglich die heilige Kommunion empfangen.

Lisas Geschichte ist ein schönes Beispiel, wie sich durch Gebetskraft eine ständig fortschreitende Krankheit zurückentwickeln kann. Die geringste Gebetswirkung wäre ein Stillstand der Krankheit, die größte eine Sofortheilung gewesen. Häufig aber geschieht etwas dazwischen.

Schön an diesem Gebet ist auch das Zusammenwirken der christlichen Gemeinschaft unter weitgehender Anteilnahme der Mutter. Man brauchte nicht auf einen bekannten Heilungsspezialisten zu warten, der vielleicht irgendwann wieder in die Stadt kam. Dafür aber hatten die vielen am Gebet Beteiligten erlebt, wie Jesus unter den Seinen wirkt, wenn sie sich als sein Leib versammeln.

Bemerkenswert an diesem Fall ist noch etwas anderes. Obwohl viele Bereiche von Lisas Körper betroffen waren, konzentrierte sich das Heilungsgeschehen auf das Rückgrat, für das wir zu beten begonnen hatten. Nicht erwähnt wird, ob Lisa wieder sehen kann[2] und ob die Lähmungen an Armen und Beinen geheilt wurden.

Oft beginnt diese Art Heilung in einem bestimmten Bereich, vielleicht dem von der Krankheit am wenigsten betroffenen. Bete ich mit jemandem, so frage ich ihn gewöhnlich nach einer gewissen Zeit, ob er etwas bemerkt. Empfindet er etwas, dann versuche ich

---

[2] Gestern abend rief ein Arzt aus Texas an, Lisa könne langsam wieder etwas sehen (15. Dezember 1976).

nur noch zu fördern, was Gott bereits wirkt. In *Die Kraft zu heilen* (S. 89f) beschrieb ich die Erfahrung von Schwester Avina: Als wir für ihr Knie beteten, wurde ihre Gesichtslähmung geheilt. Wir wußten nicht einmal, daß sie damit Schwierigkeiten hatte. Jesu Grundsatz war: »Ich tue, was ich den Vater tun sehe.« Wenn immer möglich, versuche ich zu erkennen, was Gott tut oder getan haben möchte, anstatt dem Kranken *meine* Vorstellungen und Vorurteile aufzuzwingen, wie Gott wirken *sollte*. Ich sage mir: Beten – und sehen, ob etwas geschieht. Geschieht es – dann in der Richtung des Geschehenen weiterbeten! Geschieht nichts – auch das annehmen, ohne sich wie ein Versager vorzukommen und ohne den Kranken mit Schuldgefühlen zu belasten.

2. *Teresa, die Frau mit dem verkürzten Bein.* Das bemerkenswerteste Beispiel von Heilung durch Durchdringungsgebet, das ich je erlebte, fand nach Exerzitien im Februar 1975 in der Diözese Sonson (Rio Negro) in Kolumbien statt. Bischof Alfonso Uribe hatte mich dazu eingeladen. Zum Team gehörten Pater Carlos Aldunate S.J. aus Chile, Schwester Jeanne Hill O.P., Frau William Callaghan und Alberto del Corral als Übersetzer.[3] Die Exerzitien waren zwar für Priester bestimmt, aber andere hörten davon und kamen einfach in das Exerzitienhaus. Ich war kaum überrascht, als ich nach dem letzten Vortrag gegen 4 Uhr nachmittags Frau Callaghan, Schwester Jeanne und noch andere für eine junge kolumbianische Frau beten sah. Sie riefen mich herbei, um mir das entstellte Bein zu zeigen, und sagten, etwas sei bereits geschehen: das Bein sei um etwa 2,5 cm länger geworden. Ich betete mit ihnen und sprach mit der neunzehnjährigen jungen Frau, Teresa Patino. Mit fünf Jahren war sie in einem Sumpf auf einen spitzen Gegenstand getreten. Wegen mangelnder medizinischer Versorgung hatte sich eine Infektion gebildet, den Knochen angegriffen und zu Knochenmarkentzündung geführt. Das rechte Bein war vom Knie abwärts verkrümmt und ungefähr 15 cm kürzer als das linke. Vom erfolglosen Versuch einer Knochentransplantation war eine tiefe Wunde zurückgeblieben.

Nach zwei Stunden Gebet schien das Bein um etwa 2,5 cm länger. Wir beteten zu acht und hielten abwechselnd das Bein, denn stundenlanges Knien kann schmerzhaft werden. Der Bischof

---

[3] Siehe dazu seinen Bericht in *New Covenant*, April 1976, S. 26–28.

selbst betete in der Gruppe mit. Dann machten wir eine Pause zum Abendessen und kamen nachher zu weiteren zwei Stunden Gebet zusammen. Wieder war ihr Bein um etwa 2,5 cm länger geworden. Die Krümmung schien sich langsam, aber sicher zu strecken. Man konnte zwar nicht zuschauen, dazu ging es zu langsam, aber wenn man alle zehn Minuten die Länge maß, so konnte man deutlich Veränderungen feststellen. Am nächsten Tag trafen wir uns in Alberto del Corrals Wohnung in Medellin mit Bischof Uribe und beteten zwei Stunden am Morgen und zwei Stunden am Nachmittag. Ein solches Gebet fordert viel vom einzelnen.[4] An diesem Tag schien das Bein um weitere 2,5 cm länger geworden. Da es am Vortag etwa 7,5 cm länger geworden war, blieb abends nur noch ein Unterschied von 5 cm zwischen beiden Beinen. Der rechte Fuß, ein ausgeprägter Plattfuß, veränderte sich unter Aufrichtung des Fußgewölbes. Die Zehen, nur etwa halb so lang wie die des linken Fußes, streckten sich bis fast zur normalen Länge.

Weitere ungewöhnliche Entwicklungen lehrten uns, die Beziehung zwischen körperlicher, seelischer und geistlicher Heilung besser zu verstehen. Zweimal erkannten wir, daß geistliche Heilung notwendig ist. Beide Einsichten, eine am Morgen und eine am Nachmittag, wurden uns geschenkt, weil Heilung und Wachstum des Beines anscheinend aufhörten. Nach dem ersten Aufhören entdeckten wir, daß Teresa für das, was sich nach der Entwicklung der Knochenmarkentzündung zutrug, ihrer Mutter vergeben mußte. Weil die Familie arm war, mußte die Mutter Teresa zu einer anderen Familie geben, die sich eine angemessene medizinische Behandlung leisten konnte. Es war die einzig mögliche Lösung, aber als Kind hatte Teresa das als Ablehnung erlebt. Nachdem Teresa ihrer Mutter vergeben hatte und wir um die seelische Heilung der Ablehnung gebetet hatten, streckte Teresas Bein sich weiter. Nachmittags hörte das Bein wieder auf, sich zu strecken. Durch vergleichende Messungen zu jeder halben Stunde konnte das klar festgestellt werden. Dieses Mal fanden wir heraus, daß Teresas Bruder sich vor Jahren in einem Schiffswrack schwer

---

[4] Weil diese Art Gebet wirklich Arbeit ist, möchten manche im Lauf der Zeit aufgeben, auch wenn es zu etwas führt. Die Leute hängen am Augenblick und am Augenfälligen. Familien müssen darum wirklich *lernen*, für ihre chronisch Kranken zu beten, und die Kirche muß *mehr* lehren, als Krankheit anzunehmen – und zu resignieren.

verletzt und sie ihren verkrüppelten Zustand Gott aufgeopfert hatte, wenn Gott nur ihrem Bruder das Leben retten würde. Sie fühlte sich schuldig, weil sie nun selbst geheilt wurde. Es schien ihr, als nähme sie ihr Versprechen von damals zurück. Bischof Uribe entband sie von ihrem Gelübde – und wieder begann ihr Bein sich zu strecken.

Am Ende dieses Gebetstages stellten wir fest, daß die tiefe Wunde am rechten Bein weitgehend abgeheilt war. Außer an zwei Stellen war sie jetzt weiß und nicht mehr violett wie am Vortag. Jahrelang hatte Teresa mit Krücken gehen müssen, jetzt aber konnte sie wieder auftreten und wollte gehen. Wir sagten ihr, sie solle die Untersuchung durch den Arzt abwarten. Alberto erbot sich, sie zum Arzt zu fahren und dann ein Team zu bilden, das weiter für sie betete. Auch Bischof Uribe versprach, jede Woche vorbeizukommen und mit ihr zu beten.

Seither hat sich Teresas rechtes Bein soweit gestreckt, daß der Unterschied zum linken nur noch 1,25 cm beträgt. In einer Gebetssitzung drehte sich ihr Fuß so, daß die Wunde, die bis dahin spiralförmig verlief, nun geradlinig vom Knie bis zum Fuß reicht.

Die Gruppe ließ Teresa erneut ärztlich untersuchen. Der Arzt sagte, der Knochen sei noch gebrochen und weich. Er riet ihr vom Gehen ab. Alberto beschreibt die weitere Entwicklung:

»Kurz nach dem Besuch beim Arzt versammelte sich eine Gruppe mit Bischof Uribe zu weiterem Gebet. Wir legten Teresa die Hände auf. Die Bruchstelle wurde warm, und die Schwellung ging zurück. Wir beteten etwa zwei Stunden. Schließlich bat der Bischof Teresa, Bein und Fuß zu strecken. Das konnte sie bis dahin nur mit großen Schmerzen. Zögernd streckte Teresa das Bein aus. Zum ersten Mal seit Jahren blieb der Knochen unverändert. Sie hatte keinerlei Schmerzen. Wir waren voll Freude und Dankbarkeit. Der Bruch schien geheilt. Wir rieten Teresa, einen Arzt zu fragen, ob sie gehen dürfe. Einige Tage später war sie gleich bei zwei Ärzten. Beide bestätigten, daß der Bruch geheilt war.«[5]

Vielleicht wäre nie etwas mit Teresa geschehen, wenn wir nicht etwas dazugelernt hätten über den Zeitfaktor beim Heilungsgebet und wenn sich nicht Freunde gefunden hätten, Stunden und Stunden mit Teresa im Gebet zu verbringen. Heilungen wie die

---

[5] *New Covenant,* April 1976, S. 27.

von Teresas Bein mitzuerleben ist aufregend. Tränen der Dankbarkeit sind alles, was man nach Stunden des Gebets als menschlichen Lohn braucht.

Durchdringungsgebet und seine Ergebnisse haben mir eine ganz neue Sicht des Heilungsdienstes gegeben. Ging ich früher an einem Krüppel vorüber, so fragte ich mich zwar, ob Gebet ihm helfen würde, hielt aber die Heilungschancen für hauchdünn. Sehe ich heute einen Krüppel, so frage ich mich einfach, ob er nicht ganz oder doch teilweise geheilt werden könnte, wenn sich nur jemand fände, der sich die Zeit nähme, mit ihm zu beten.

4. Kapitel

STUFEN MENSCHLICHER HEILUNG

Es gibt verschiedene Stufen der Heilung. Hat ein Mensch *eine* Stufe erreicht, so braucht er nicht notwendig zur nächsten fortzuschreiten oder vollkommen geheilt zu werden.

AUFHÖREN DER SCHMERZEN

Oft hören beim Gebet für Kranke die Schmerzen auf. Manchmal ist das der Beginn einer Heilung oder ein Zeichen dafür, daß die Heilung schon eingesetzt hat. Aber nur weil der Kranke sagt, er sei jetzt beschwerdefrei, muß man nicht meinen, er wäre schon geheilt. Ich habe mit mehreren Krebspatienten im Endzustand gebetet, deren Schmerzen soweit gewichen sind, daß sie keine schmerzstillenden Tabletten mehr brauchten. Aber sie starben dennoch an Krebs. Tritt Schmerzlinderung ein, so können wir das als Segen Gottes betrachten und ihm dafür danken. Aber behaupten wir nicht, wir verstünden, warum die Heilung nicht weiter gediehen ist.

WEGFALL VON NEBENWIRKUNGEN

Bekanntlich haben die meisten Medikamente unerwünschte Nebenwirkungen. Sie können das Gleichgewicht des Körperhaushalts empfindlich stören, selbst wenn sie dem Körper helfen, sich selbst zu heilen. Krebspatienten, die Chemotherapie oder Strahlenbehandlung bekamen, litten nach Gebet nicht an den üblichen schädlichen Nebenwirkungen. Ein kleines Mädchen, für das wir beteten, hatte Krebs und bekam Chemotherapie. Sie klagte nicht über die dabei übliche Müdigkeit. War ihr Blutbild unausgeglichen, so beteten wir für sie. Die bereits angesetzte Bluttransfusion brauchte sie dann nicht. Zwei Freunde, denen ich vertraue, erzählten mir,

Krebspatienten, für die sie ein Schutzgebet gesprochen hatten, wären Nebenwirkungen, wie zum Beispiel der Haarausfall, erspart geblieben.[1]

Man kann also um Schutz vor allen schädlichen Nebenwirkungen der von den Ärzten verordneten Medikamente beten. Ich kenne eine Krankenschwester, die über jedes Medikament, das sie den Patienten tagsüber austeilen muß, zu Gott betet, es mit der rechten Heilwirkung zu versehen und ihm jede schädliche Nebenwirkung zu nehmen. Das ist eine neue Anwendung der urkirchlichen Praxis, das Öl als universales Heilmittel zu *segnen*. Der barmherzige Samariter nahm den halbtoten Reisenden auf, »verband seine Wunden und goß Öl und Wein darauf« (Lk 11,34). Die Segnung des Öls war übrigens kein Aberglaube. Die Kirche übernahm das Hausmittel der damaligen Zeit und betete für seine Wirkung als Gottes auserwähltes Heilmittel.

STILLSTAND IM HEILUNGSVERLAUF OHNE VOLLE HEILUNG

Zuweilen scheint unser Gebet zwar die Kraft zu haben, die Krankheit am Fortschreiten zu hindern, aber es vermag sie nicht ganz zu überwinden. Zum Beispiel kann Krebs zwar gestoppt, aber nicht vernichtet werden.

Vor kurzem betete ich mit einem Freund, der an multipler Sklerose leidet. Zum ersten Mal haben wir vor zwei Jahren gebetet. Seitdem hat er keine Anfälle mehr, das ist medizinisch bemerkenswert. Aber die Erkrankung ist geblieben. Zum letzten Mal beteten wir vorigen Monat. Die multiple Sklerose veränderte sich offensichtlich nicht. Im Gesicht aber trockneten zwei kleine krebsartige Hautausschläge aus, für die wir nicht gebetet hatten. Am nächsten Morgen fielen sie ab. Das hatte der Arzt noch nicht erlebt. Geistig ergab sich sehr viel für diesen Freund und für seine Ehe. Das war weit wichtiger als die Heilung von multipler Sklerose. Ein großer Segen war die Unterbrechung der zyklischen Anfälle. Aber die Krankheit blieb.

---

[1] Kürzlich erhielt ich folgenden Brief: »Ich bin vierzig Jahre alt und Mutter von vier Kindern. Vor fünf Jahren wurde mir eine Brust abgenommen. Vor anderthalb Jahren entdeckten die Ärzte, daß der Krebs sich bis zur Leber ausgedehnt

WIEDERHERSTELLUNG DER KÖRPERFUNKTIONEN OHNE HEILUNG DER KRANKHEIT

In einer ganzen Reihe von Fällen wird durch Heilungsgebet die Körperfunktion wiederhergestellt. Der Kranke oder Verletzte kann wieder gehen oder den Arm bewegen – meist zum Erstaunen des Arztes –, aber körperlich ist so gut wie nichts geschehen, was die Veränderung der Funktionen erklären könnte.

Ein Beispiel dafür ist die Geschichte von Richard Appleby aus Charleston, South Carolina:

»*Im November 1973 vertrat ich meinen Pastor an einem dreitägigen Seminar für Charismatische Erneuerung. Ich hatte keine Ahnung davon. Ich ging nur wegen meines Pastors hin. Einer der ersten Sprecher war Pater Francis MacNutt, ein Dominikaner, der in der Erneuerung aktiv ist. Er redete über Sprachengebet, Handauflegung und Heilung in der Kirche von heute. Von einem katholischen Priester fand ich das erstaunlich. Obwohl ich sehr skeptisch war, hörte ich genauer hin.*

Am Abend leitete Pater MacNutt ein Heilungsgebet. Ich beschloß, ihm von meiner Hüfte zu erzählen. Vor 14 Jahren entwikkelte sich eine Erkrankung der Hüfte, die von stechendem Schmerz begleitet war. Es wurde immer schlimmer, ich konnte nicht mehr schlafen. Ein Facharzt untersuchte und röntgte mich. Er stellte fest, daß meine rechte Hüfte sich zusehends verschlechterte. Er sagte, die Verschlechterung würde fortschreiten, der Schmerz sich intensi-

hatte, auch im Magen hatte ich bereits einige Metastasen. Sie schüttelten nur den Kopf. Nachdem sie auch die Eierstöcke herausgenommen hatten, wurde ich entlassen. Sie sagten, in einigen Wochen sollte ich mit Chemotherapie beginnen...

Beim Hausarzt hatten wir ein langes Gespräch über Heilung. Als ich ging, sah ich auf dem Rezept stehen: *Die Kraft zu heilen* von Pater Francis MacNutt... Ich bekam Angst, als ich las: ›Gott liebt dich, er möchte dir helfen, habe Glauben, *er wird dich heilen...*‹ In unserer Pfarrgemeinde gab es eine Gebetsgruppe. Mein Mann nahm mich mit. Am ersten Abend stand er auf, erklärte meinen Zustand und bat um Hilfe. Die ganze Gruppe betete für mich. Mein Mann und die Kinder legten mir auch zu Hause die Hände auf. Zunächst beteten wir, daß ich durch die Chemotherapie nicht noch kränker würde. *Und ich wurde nicht kränker.* Dann beteten wir, daß mir nicht die Haare ausfielen. *Und sie fielen mir nicht aus.* Die ganze Zeit beteten wir, daß Jesus mich vom Krebs heilt. Als der Arzt neulich eine weitere Probe aus der Leber entnahm, sagte er, der Tumor wäre sehr, sehr viel kleiner geworden...«

vieren, ich müsse mit dem Rollstuhl oder einer Operation rechnen. Er fügte hinzu, daß die Operation nur in 50 Prozent der Fälle gelänge. Ich erzählte das alles Pater MacNutt, und er forderte mich auf, nach vorn zu kommen und mich hinzusetzen. Er nahm meine Beine auf und stellte fest, daß ein Bein 7,5 cm kürzer war als das andere. Er ließ meine Füße auf den Boden und bat die Umstehenden, mir die Hände aufzulegen und für mich zu beten. Nach etwa zwei Minuten hörte ich ein leises ›Ah‹ von zwei Leuten. Pater MacNutt sagte, wir haben schon etwa 2,5 cm gewonnen, also beten wir weiter. Plötzlich fühlte ich ein Kribbeln im rechten Bein und auf der rechten unteren Magenseite. Dann fühlte ich Wärme in der Hüfte. Wir hörten auf zu beten und schauten wieder hin. Pater MacNutt sagte, wir haben noch einmal 2,5 cm gewonnen, also machen wir weiter. Jetzt beteten wir alle, so laut wir konnten. Schließlich sagte Pater MacNutt: ›Na also, es sieht so aus, als wären beide Beine gleich lang!‹ Wir alle priesen Gott. Ich stand auf und konnte mit dem rechten Fuß ganz auftreten. Zum ersten Mal seit fünf Jahren ging ich wieder schmerzfrei und sicher. Alle umringten mich, wünschten mir Glück und dankten Gott.

Ich ging wie benommen in mein Zimmer, legte mich schlafen und wachte erst um sieben auf. Zum ersten Mal seit über fünf Jahren hatte ich durchgeschlafen! Ich fragte mich, ob die Heilung ein Traum gewesen sei, und stand schleunigst auf. Als ich mit beiden Füßen voll auftreten konnte, wußte ich, ich bin wirklich geheilt.

Zu Hause ging ich zu meinem Facharzt. Er machte nochmals Röntgenaufnahmen, verglich sie mit den früheren und sagte, daß in der Struktur des Knochens keinerlei Unterschied festzustellen sei. Er hatte keine Erklärung für die Verlängerung des Beines und für die Schmerzlosigkeit. Ich sagte, der Herr hätte mich geheilt. Das hat er wirklich. Jesus hat mich befreit.«[2]

WIRKLICHE KÖRPERLICHE HEILUNG

Körperliche Heilung kann in allen Schattierungen geschehen, von der winzigsten Besserung bis zur vollkommenen Heilung.

Wir müssen also darauf achten, nicht gleich eine vollkommene

---

[2] *New Covenant*, November 1974, S. 28.

Heilung anzunehmen, wenn der Kranke sagt, er habe keine Schmerzen mehr, oder wenn sich tatsächlich etwas gebessert hat. Andererseits dürfen wir allein deswegen, weil keine vollkommene Heilung eingetreten ist, nicht meinen, Gott habe überhaupt nichts geheilt. Loben wir ihn für Heilungen auf jeder Stufe! Immer bedeuten sie einen Schritt vorwärts zum vollkommenen Leben und zur Heilung des ganzen Menschen.

Man mag sich fragen, warum ich all diese Erkenntnisse über die verschiedenen Stufen der Heilung hier wiedergebe. Belasten sie uns nicht mit zuviel intellektuellem Gepäck? Genau das Gegenteil soll bewirkt werden – nämlich uns zu befreien! All diese Unterscheidungen zeigen nur die *Vielfalt* göttlichen Wirkens. Andauernd bekomme ich Briefe, die von Leuten berichten, die *etwas* über Heilungsgebet gelernt haben, aber das in einer absoluten, legalistischen und unbedachten Weise anwenden. Daß *einige* durch ihren Dienst geheilt scheinen, nehmen sie als Rechtfertigung dafür, daß sie *immer und überall* besonders gut wissen, was sie tun. Es ist aber durchaus möglich, daß sie einigen helfen und dennoch eine sehr fehlerhafte Vorstellung von ihrem Tun haben – was denen, für die sie beten, geistig und seelisch schaden kann.

Zu wissen, daß Heilung ein Geheimnis ist, daß sie komplizierter ist, als man denkt, sollte uns davor bewahren, Menschen, die verstehen wollen, warum sie noch nicht vollkommen geheilt wurden, vereinfachende Antworten zu geben. Zu wissen, wie kompliziert Heilung ist, kann dabei helfen, uns mehr auf Gottes Licht zu verlassen, echte Erkenntnis zu suchen und vereinfachende Lösungen fallenzulassen. Dieselben Leute, die sich damit brüsten, von Theologie nichts zu verstehen, sondern nur Gottes Wort zu kennen, zwingen ihre Schmalspur-Theologie, die sie »Erkenntnis« nennen, besonders gern jenen hilflosen Kranken auf, die verzweifelt genug sind, alles anzunehmen, was ihnen im Brustton absoluter Autorität anbefohlen wird.

Das Wissen von den verschiedenen Stufen der Heilung sollte uns vor Intellektualismus genauso bewahren wie vor Fundamentalismus – um teilzuhaben am *Geheimnis göttlicher Liebe*.

5. Kapitel

EBENEN GÖTTLICHEN WIRKENS

Heilungen unterscheiden sich auch durch das Ausmaß des Eingreifens Gottes. Zuweilen übersteigt eine Heilung »nachweislich« die Heilkräfte der Natur. Heilung kann offensichtlich übernatürlichen Ursprungs sein. Aber dann wieder gefällt es Gott, weniger offenkundig zu wirken. Er vollendet die Heilung durch *natürliche* Ursachen.

SCHWIERIGKEITEN MIT DER BEHAUPTUNG VON WUNDERN

Im Mai 1975 trafen sich auf Anregung von Professor René Laurentin einige »Charismatiker«, Ärzte und Seelsorger zu einem zweitägigen Dialog in Lourdes. Alle fanden das gegenseitig befruchtend. Dr. Theodore Mangiapan und die anderen Mitarbeiter des Arztbüros in Lourdes baten uns, in der Charismatischen Erneuerung weniger schnell von Wundern zu sprechen. Das Arztbüro in Lourdes hat sich in der Verkündigung von Wunderheilungen stets größte Zurückhaltung auferlegt. Von 1971 bis 1975 wurde kein einziger Fall an das Internationale Komitee zur Bestätigung von Wunderheilungen eingereicht. In den über hundert Jahren seit der Gründung des Arztbüros in Lourdes konnten nur 62 Heilungen den strengen Kriterien für Wunderheilungen standhalten.

Die Ärzte aber waren frustriert. Sie sahen Gottes Heilkraft andauernd am Werk, von den meisten Heilungen konnte jedoch nicht bewiesen werden, daß sie *nicht* durch natürliche Heilkräfte geschahen. Rund viertausend »Heilungen« ließen sich medizinisch zwar nicht erklären, entsprachen aber auch nicht der einen oder anderen strengen Beweisnorm der katholischen Kirche. Die Ärzte waren ungehalten über den hohen Zeitaufwand für die Dokumentation von echten Wunderheilungen, während sich doch die Theologen längst fragten, ob man immer noch zwischen »natürlich« und »übernatürlich« unterscheiden könne und müsse. Die Ärzte fragten sich, ob man ihr Fachwissen nicht besser nutzen könne als damit, alle paar Jahre eine Wunderheilung zu dokumentieren.

Hat schon das Arztbüro in Lourdes mit all seinen Tests und Röntgenaufnahmen Schwierigkeiten, eine Heilung als außernatürlich zu beweisen, so fällt es mir noch schwerer, vor Naturwissenschaftlern über Gebetsheilung zu sprechen. Wie viele gute und produktive Treffen mit Ärztegruppen hatte ich schon – und doch glauben einige immer noch, ich wolle beweisen, jede Gebetsheilung sei ein Wunder. In den meisten Fällen kann man gar nichts hundertprozentig beweisen. Es geht hier eher um ein induktives Argument: Betet man für viele, so erlebt man soviel körperliche Besserung und Heilung, daß man sich des Eindrucks nicht erwehren kann, die Kraft Gottes sei wirklich am Werk, auch wenn sie im Einzelfall nicht nachweisbar ist.

Ich beschrieb einer Ärztegruppe einmal, wie eine Geschwulst durch Gebet innerhalb einer Stunde verschwand. Ein Arzt sagte daraufhin: »Sie können nicht beweisen, daß das Gebet den Rückgang des Tumors *verursachte*. Sie können nur sagen, daß Sie gebetet haben, und der Tumor *danach* verschwand.« *Und der Arzt hatte recht!*

Die Naturwissenschaftler suchen offenbar weiterhin nach Beweisen für die Gültigkeit und Wirksamkeit des Gebetes. Geeigneter als der herkömmliche Weg, die einzelne dramatische Wunderheilung nachzuweisen, schiene mir ein Vergleich zwischen zwei ähnlichen Patientengruppen, die an einer bestimmten Krankheit leiden. Mit der einen sollte man um Heilung beten und mit der andern nicht. Ich vermute, daß ein erheblicher Unterschied zwischen beiden Gruppen ersichtlich würde.

Bei allem Respekt vor den Bemühungen einiger christlicher Ärzte und Naturwissenschaftler, der Fachwelt die Wirklichkeit göttlicher Heilkraft zu beweisen[1], *verdunkelt* andererseits das

---

[1] Siehe z. B. Dr. H. Richard Casdorph, *Miracles*, Plainfield (New Jersey) 1976. Er legt Röntgenaufnahmen und Krankengeschichten von Gebetsheilungen vor, die zumeist in den Heilungsgottesdiensten von Kathryn Kuhlman geschehen sein sollen.

Reden über die Beweisbarkeit von Wundern das, was wir zu tun versuchen.

Was durch Gebet geschieht, kann wissenschaftlich kaum bewiesen werden. Die meisten Gebetsheilungen geschehen eben *nicht* durch außernatürliche Kräfte.

Charismatische Gruppen sollten daher Verständnis dafür aufbringen, wenn Mediziner und Theologen mit ihren oft zu unbestimmten Behauptungen über Wunderheilungen Schwierigkeiten haben. Sicher mangelt es den Ärzten und Theologen nicht an Glauben, ihr Beruf jedoch fordert Genauigkeit. Die absolute, unbestätigte Behauptung von Heilungen bei manchen Gebetsversammlungen schockiert sie.[2] Das sollte man verstehen. Theologen und Geistliche sind ganz besonders empfindlich gegenüber jeder Art von Kurpfuscherei. Allgemein besteht bei Wissenschaftlern häufig der Eindruck, »Heilungen« beruhten mehr oder weniger auf der Autosuggestion einfacher Leute, die unter dem Einfluß überspannter Evangelisten stehen.

STUFEN DER HEILUNG

Um all das in die rechte Perspektive zu rücken, sollten wir uns noch einmal daran erinnern, daß es verschiedene Stufen der Heilung gibt. Diese Unterscheidung mag sowohl im Heilungsdienst als auch in der Wissenschaft zu einem besseren Verständnis des Heilungsgebetes beitragen.[3]

---

[2] Dr. William Nolen, *Healing: A Doctor in Search of a Miracle*, New York 1974, untersuchte nur *einen* christlichen Heiler, nämlich Kathryn Kuhlman. Sie wollte ihm helfen und schickte ihm Referenzen von Kranken, die geheilt wurden. Nolen schreibt darüber: »Ihr Brief war sehr freundlich. Der interessanteste Satz war folgender: ›Ich wollte Ihnen damit [mit den Referenzen] eine Auswahl nicht-psychosomatischer Krankheiten geben.‹ Zwei Drittel der Patienten aber litten an multipler Sklerose, rheumatischer Arthritis, Lähmungen (ohne Angabe der Gründe), Erblindungen, Allergien; Erkrankungen also, bei denen die Seele oft eine überwiegende und beherrschende Rolle spielt. Kathryn Kuhlman versteht offenbar so gut wie nichts von psychosomatischen Erkrankungen« (S. 100).

[3] Theologen werden im folgenden Abschnitt bemerken, daß ich Gott in der Ganzheit der natürlichen und menschlichen Ordnung am Werk sehe, aber dennoch keine Schwierigkeiten habe, ihn auf »übernatürliche« Weise direkter wirken zu sehen. Ich betrachte das nicht als »Einmischung« Gottes wie andere Theologen. Die herkömmliche Betrachtungsweise der Schöpfung und des Wun-

Körperliche Heilung kann geschehen:
1. *Durch natürliche Kräfte, die durch Gebet freigesetzt werden.* Wer im Heilungsdienst tätig ist, sollte keine Schwierigkeiten haben, zuzugeben, daß vermeintliche *Gebets*heilungen sehr wohl geschehen können durch:

a) *christliche Liebe:* Erfährt jemand christliche Liebe innerhalb einer Gruppe, so kann diese Liebe eine eigene Heilkraft haben. Diese Heilkraft kann erheblich sein.

b) *Handauflegung:* Untersuchungen an der Krankenpflegeschule der Universität New York haben gezeigt, daß Handauflegung mit Heilungsabsicht eine Art natürlicher Heilwirkung haben kann (siehe oben S. 25, Anm. 2).

c) *Suggestion:* Besonders gefühlsgeladene Gebetsgemeinschaften sind offenkundig empfänglich für Besserung bestimmter Krankheiten, wenn nämlich das intensive Verlangen des Kranken sich mit der positiven Suggestionskraft des Evangelisten trifft. Ein Multiple-Sklerose-Patient, der in einer solchen Gemeinschaft seelisch aufgeputscht wird, kann plötzlich aufstehen und gehen. Am nächsten Tag aber kann er genauso wieder im Rollstuhl sitzen. Es ist jedoch auch möglich, daß jemand ganz geheilt wird durch jene starke Suggestion, die vom *Gebet* ausgehen kann.

Wenn wir anerkennen, daß Gott in seiner *ganzen* Schöpfung wirksam ist, so braucht uns nicht zu stören, daß Heilungen bei Gebetstreffen auch durch Suggestion oder ähnliche Kräfte geschehen. Kritiker des Heilungsdienstes wie Dr. William Nolen haben noch lange keinen Beweis *gegen* die Wirksamkeit des Gebetes erbracht, wenn sie zeigen können, daß viele Heilungen bei Kathryn Kuhlmans Gottesdiensten auf Suggestion oder psychosomatische Einflüsse zurückzuführen sind.

2. *Durch geistige oder seelische Heilung.* Durch die Wechselwirkung zwischen körperlicher, seelischer und geistiger Gesundheit erklärt sich die Heilung körperlicher Krankheiten, sobald durch ein Gebet um seelische Heilung eine bestimmte Angst, Furcht oder Bitterkeit als Grundübel geheilt wird. Ist zum Beispiel Ar-

---

derbaren scheint zu bestätigen, was ich durch die Erfahrung gefunden habe. Ich glaube einfach nicht an eine zweigeteilte Schöpfung, deren eine Ebene natürlich und deren andere übernatürlich sein soll – Gott ist in *jedem* Aspekt der Schöpfung am Werk. Dennoch scheint er zuweilen direkter als sonst in den Naturkräften zu wirken.

thritis durch aufgestauten Zorn entstanden, und dieser Zorn wird durch Gebet um Innere Heilung oder durch Vergebung abgebaut, so kann auch die Arthritis ganz plötzlich verschwinden.

Kritiker, die für alles einen Beweis suchen, können freilich auch hier einwenden, daß »nur« ein psychosomatisches Problem geheilt wurde. Aber auch psychosomatische Heilung ist *wirkliche* Heilung. Die Ärzte haben mit der Heilung psychosomatischer Erkrankungen, zum Beispiel streßbedingter rheumatischer Arthritis, oft weniger Erfolg als mit der Heilung rein körperlicher Beschwerden wie etwa einem gebrochenen Arm. Kann *Gebet* diese Art psychosomatischer Heilung bewirken, so ist das ein beachtlicher Beitrag zur heutigen Schulmedizin.

3. *Durch natürliche Heilkräfte des Körpers, deren Wirkung durch Gebet beschleunigt wird.* Mir scheint das die häufigste Art der Gebetsheilung. Ihrer Natur nach kann sie nicht bewiesen werden, weil Heilung durch natürliche Heilkräfte im Körper selbst geschieht. Aber Heilung wäre vielleicht gar nicht geschehen oder nicht so schnell, wenn das Gebet den Körper nicht angeregt und die Heilung nicht beschleunigt hätte. Am einfachsten beobachten wir das, wenn wir für die Heilung einer Erkältung beten und der Schnupfen schneller verschwindet als gewöhnlich. Komplizierter wird es schon, wenn wir für einen Krebspatienten beten, der schon Strahlenbehandlung erhält, und der Krebs wird zuerst gestoppt und dann geheilt. Wie wollen wir beweisen, ob die Heilung direkt durch Gott geschehen ist oder durch einen natürlichen Vorgang unter Mithilfe medizinischer Behandlung, durch die Krebszellen zerstört wurden? Diese häufig gestellte Frage ist falsch, denn die Heilkraft Gottes kann den natürlichen Heilungsvorgang gewiß intensivieren und *durch die Natur* wirken – nicht aber unabhängig von ihr.

4. *Durch natürliche Heilkräfte, aber auf außergewöhnliche Art.* Ein gutes Beispiel ist die Heilung einer S-förmigen Rückgratverkrümmung. Ich habe das innerhalb von Minuten geschehen sehen. Bei schweren Verkrümmungen kann die Heilung durch Gebet Stunden oder sogar Monate dauern, aber dennoch ohne chirurgischen oder chiropraktischen Eingriff geschehen.

Nehmen wir an, ein Mädchen trägt ein Korsett zur Verhütung weiterer Verkrümmung durch das auf die Wirbelsäule wirkende Körpergewicht. Beim Gebet bemerken wir, wie unter unseren

Händen das Rückgrat sich nach und nach bewegt und streckt. Von Zeit zu Zeit knackt es, wenn nämlich die Wirbel sich wieder einrenken. Das alles geschieht ohne jeden Druck von außen. Durch welche Kraft bildet sich die Verkrümmung zurück, hält sich das Rückgrat in der normalen Stellung? In der Praxis des Arztes geschieht das kaum, Veränderungen des Rückgrats werden dort durch gezielte Gymnastik oder einen chirurgischen oder chiropraktischen Eingriff erreicht.

Manchmal beten wir über einen Tumor, und vor unseren Augen verschwindet er. Die Entfernung einer Geschwulst ist natürlich auch ärztlich möglich. Gelegentlich aber verschwindet während oder nach dem Gebet auch ein inoperabler Tumor, manchmal sogar innerhalb von Minuten. Auch hier läßt sich nur schwer ein *Wunder* nachweisen, selbst wenn die Krankengeschichte vorliegt.

Manchmal kann die Geschwindigkeit oder die *Art*, in der Krebs im Endstadium durch Gebet geheilt wird, als wunderbar bezeichnet werden. Herr Harold Beckman aus Phoenix, Arizona, schreibt dazu an seine Eltern:

»Liebe Mutti, lieber Vati!

Ich möchte Euch vor den Ferien noch schreiben, damit wir gemeinsam danken können, wenn wir die Geburt unseres Herrn und Heilands Jesus Christus feiern . . .

Wie Ihr wißt, mußte ich 1965 mit einer Rückgratverletzung ins Krankenhaus. Durch zwei Operationen innerhalb von 13 Tagen wurde je eine zerquetschte Bandscheibe entfernt.

Nach der Entlassung entwickelte sich ein großer Abszeß, und ich mußte wieder ins Krankenhaus. Nach zwei Wochen war er abgeheilt. Zwei Monate später konnte ich wieder arbeiten.

Aber nicht lange! Vier Tumore bildeten sich am unteren Rückgrat und bereiteten mir erhebliche Schmerzen. Die Tumore mußten operativ entfernt werden.

Kurz danach erfuhren wir die bittere Wahrheit, daß ich an einer Entzündung der weichen Hirnhaut (Arachnoiditis) litt, einer wirklich seltenen Krankheit. Durch drei oder möglicherweise vier undichte Stellen des Duramantels im unteren Bereich des Wirbelkanals trat etwas Rückenmarkflüssigkeit aus.

Während sechs Monaten absoluter Bettruhe konnte ich mich Tag und Nacht nicht umdrehen.

Danach wurden in der Mayo-Klinik zwei weitere Operationen durchgeführt. Aber es wurde nur noch schlimmer.

Die Universitätsklinik von Iowa bestätigte die Diagnose der Mayo-Klinik. Mir wurde gesagt, daß ich den Rest meines Lebens im Bett verbringen müsse, ausgenommen einige Stunden pro Tag im Rollstuhl.

Sowohl die Mayo-Klinik wie die Universitätsklinik von Iowa empfahlen eine Hirnoperation zur Schmerzlinderung – schon bis dahin hatte ich dreizehn größere Operationen hinter mich gebracht.

Zu dieser Operation kehrten wir nach Phoenix zurück. Die erste Hirnoperation linderte die Schmerzen auf der rechten Seite. Durch die zweite Operation wurden die Rückenschmerzen noch stärker.

Zu dieser Zeit hatte sich ein großer Tumor an der Lunge entwickelt. Zu dessen Entfernung wurden weitere Operationen notwendig. Bis dahin waren insgesamt sechzehn Tumore entfernt worden.

Darauf folgten krampfartige Anfälle und noch größeres Leid für meine Familie, meine Frau und die sechs Kinder. Ich mußte drei Jahre in ein Pflegeheim und schwere Medikamente nehmen, um Anfälle und Schmerzen unter Kontrolle zu halten.

Während der letzten sechs Monate Heimaufenthalt wurde mir unser Herr Jesus Christus sehr lebendig. Für uns alle wurde es sehr spannend. Meine prachtvolle Familie gehörte einer Gebetsgruppe an, hatte ein Leben-im-Heiligen-Geist-Seminar mitgemacht und die Geisttaufe empfangen. Später gründeten einige Leiter ihrer Gebetsgruppe eine neue Gruppe im Pflegeheim. Daran nahm ich teil. Dann begann das Leben-im-Heiligen-Geist-Seminar. In der vierten Woche des Seminars war ich mir noch nicht klar, ob ich die Geisttaufe erbitten sollte, ohne noch mehr zu lernen; während ich im Bett lag und betete, entschloß ich mich, in der folgenden Woche die Geisttaufe zu empfangen.

Die Geisttaufe sollte am Dienstag stattfinden. Montag abend hatte ich den schwersten Anfall seit je. Er dauerte länger als alle anderen. Nachher war ich immer sehr schwach und wollte niemanden sehen und hören. Ich weiß nicht, woher ich die Kraft nahm, meine Frau anzurufen und ihr zu sagen, daß ich keine Besucher haben wollte. Drei Männer von ihrer Gebetsgruppe kamen trotzdem. Sie kannten einander nicht.

Einer war ein geweihter Diakon. Er brachte mir die heilige Kommunion. Sie fragten mich, ob ich im Heiligen Geist getauft werden wolle, ob sie für mich beten sollen. Alles, was ich sagen konnte, war: ›Bitte!‹ Das war der aufregendste Moment meines Lebens. Preis sei Gott!

Es war, als wüchse vor meinem Kopf eine große Kugel. Mir wurde ganz heiß. Dann war mir, als schieße ein Wasserstrom durch meinen Körper. Ich sah Jesus am Fußende meines Bettes stehen. Er wusch mir die Füße. Alles wurde hinweggeschwemmt, so, als würde Wasser aus meinen Füßen rinnen.

Die Männer hörten auf zu beten und gingen. Anstatt in jenen schmerzvollen Tiefschlaf zu verfallen, wie nach all den anderen Anfällen, war ich hellwach und setzte mich im Bett auf. Ich war furchtbar aufgeregt. Ich begann, Gott zu loben, und fragte mich, was geschehen war.

Abends um elf ging es los. Es begann mit der Blase, sie war seit Monaten gelähmt. Der Katheter schmerzte so sehr, daß ich es nicht mehr aushalten konnte. Die Schwester entfernte ihn, kurze Zeit später begann die Blase normal zu arbeiten. (In zehn Tagen sollte ich wieder ins Krankenhaus, Blase und Därme sollten nach außen verlegt werden.) Ich pries Gott von neuem.

Jetzt wußte ich, die Kraft des Herrn wirkte in mir. Ich konnte die ganze Nacht nicht schlafen. Morgens setzte ich mich in den Rollstuhl und ging ins Bad. Ich stand auf und wußte, daß ich geheilt war. Ich war schmerzfrei, die Tränen begannen mir herunterzulaufen. Das dauerte drei Tage. Erst da merkte ich, es waren Tränen der Freude.

Das war das Ende von neun langen Jahren des Leidens für meine Frau Barbara, meine Kinder und mich. In der Mayo-Klinik und der Universitätsklinik von Iowa war uns gesagt worden, meine Krankheit würde vermutlich tödlich ausgehen, es wäre eine Arachnoiditis. Aber Gott wußte es besser.

Heute geht es mir wunderbar. Ich nehme keinerlei Medikamente mehr, nachdem ich neun Jahre lang eine Menge hochgradiger Drogen schlucken mußte. Ich habe keinerlei Schwierigkeiten mit der Blase oder den Därmen, keine Anfälle und bemerkte erst, als ich nach Hause kam, daß der rechte große Zeh, der eine böse Infektion hatte, die nie heilen wollte, ebenfalls vollkommen geheilt war.

Auch hatte ich in neun Jahren 16 größere chirurgische Eingriffe hinter mich gebracht. Meine Sicht war derart getrübt, daß ich den Normen der Nationalen Blindenorganisation entsprach und ihre Hilfe in Anspruch nehmen mußte, Bücher, Zeitschriften und Berichte zu ›hören‹. Von der Brustgegend abwärts hatte ich keinerlei Gefühl mehr. Ich konnte nicht bewegt werden, ohne einen Anfall zu bekommen. Die letzten drei Jahre hatte ich in einem dem Krankenhaus angeschlossenen Pflegeheim zugebracht.

Im Oktober wurde ich von einem Neurologen untersucht. Er bestätigte, daß mit mir ein Wunder geschehen ist.

Es ist kein Narbengewebe, das die Anfälle verursachte, an den Stellen gefunden worden, wo man die Gehirnoperation vorgenommen hatte. Mein Rücken ist ganz in Ordnung, die Därme und die Blase auch. Mein Rückenmark hat wieder Flüssigkeit. Ich kann wirklich sagen: ›Er hat mich angerührt.‹ Gepriesen sei der Herr!«

5. *Durch außernatürliche Kräfte.* Hat man keinerlei Erfahrung mit dem Exorzismus oder Befreiungsgebet, so scheint es überflüssig, dämonische Einflüsse auf Heilung auch nur zu erwähnen. Erfahrung und Studien aber lehrten mich, daß böse Geister existieren, daß sie Krankheiten verursachen und auch »heilen« können, indem sie Krankheiten, die sie jemandem zugefügt haben, wieder aufheben. In den meisten Ländern und Kulturen – einschließlich der Vereinigten Staaten – gibt es Hexen und Spiritisten, die für sich in Anspruch nehmen, verfluchen und auch heilen zu können. Die vorherrschende Form geistiger Heilung in Venezuela ist die Verehrung des Geistes einer toten Hexe, deren Anhänger behaupten, Heilkräfte zu haben.

Ich sehe keinen Grund, warum es im Spiritismus keine Kräfte geben sollte, die wirken. Die katholische Kirche hat die Macht dieser Geister im Leben des Menschen immer ernstgenommen, selbst wenn in der Neuzeit Exorzismus und Befreiungsdienst in der Kirche unterschätzt werden, während ihnen auf der Kinoleinwand ein bedeutender Platz eingeräumt wird.

In Bogotá, Kolumbien, stieß ich auf einen interessanten Fall. Eine Mutter, die übrigens in einer christlichen Gemeinschaft lebte, brachte ihren Sohn, der plötzlich einer geheimnisvollen Krankheit zum Opfer gefallen war, zu einem spiritistischen Heiler in derselben Straße. Nachdem sie bar bezahlt hatte, erzählte ihr der Spiritist, in einem Wutanfall hätte ihr Nachbar ihn gebeten, den Jungen zu verfluchen. Da wurde der Junge krank. Der Spiritist erklärte sich bereit, den Fluch zurückzunehmen und um Heilung zu beten. Da wurde der Junge wieder gesund. Der Spiritist wurde also zweimal bezahlt: einmal, um die Krankheit herbeizuholen, und ein zweites Mal, um sie wieder zum Verschwinden zu bringen. Damit aber der Ironie noch nicht genug: zumindest dem Namen nach waren alle Beteiligten Christen, einschließlich des Spiritisten.

Befreiung von Krankheit kann also durch dieselbe dämonische Kraft geschehen, die sie verursacht hat. Das scheint sehr primitiv und wissenschaftlich unhaltbar. Einfache Leute aber haben einen starken Glauben an die Wirklichkeit außernatürlicher Kräfte. Selbst Christen werden die Hilfe des *curandero* (Heilkünstler), oder wie immer der Heiler in ihrer Kultur heißen mag, in Anspruch nehmen, solange Bischöfe, Priester und Pastoren nicht an die Wirkung des Heilungsgebetes glauben. Aus Erfahrung bin ich fest überzeugt von der Wirklichkeit der Dämonen und ihrer Kräfte, zu verfluchen und zu heilen. Diese Kräfte sind letztlich zerstörerisch und versklavend. Wir sollten sie erkennen, statt sie zu leugnen – und lernen, Menschen durch die Kraft des Heiligen Geistes von Dämonen zu befreien, so daß die Kranken nicht dazu getrieben werden, an fremden und gefährlichen Quellen Hilfe zu suchen.

6. *Durch einen schöpferischen Akt Gottes – ein Wunder im engeren Sinn.* Das ist die seltenste Art der Heilung, aber auch die einzig beweisbare – gesetzt den Fall, sie ist eindeutig. Diese Art schöpferischen, alle bekannten Naturkräfte übersteigenden Wirkens ist am schwersten zu glauben, besonders für den wissenschaftlich Gebildeten, der nach einer rational faßbaren Ursache sucht. Bete ich für einen Blinden, dessen Augenhöhlen leer sind, dem also nur durch eine Neuschöpfung zur Sicht verholfen werden kann, dann darf ich nicht lange darüber nachdenken, *wie* er geheilt werden kann. Ich weiß auch, daß solche Heilungen oder eher Wunder[4] selten sind. Ich bin *erstaunt*, wenn sie geschehen. Die gewöhnliche Reaktion aber ist Ungläubigkeit. Diese Art göttlichen Heilswirkens paßt einfach nicht in die Weltanschauung vieler Theologen.

[4] 1 Kor 12,9–10 unterscheidet Paulus zwischen der *Heilungsgabe* und der Kraft, *Wunder* zu wirken. Wir wissen nicht, wie Paulus zwischen Wunder und Heilung unterscheidet. Vielleicht meint er eine Art der von uns erwähnten Neuschöpfung.

Noch andere Heilungen scheinen schöpferischer Natur zu sein. Teresas Bein, das sich um 12,5 cm streckte, scheint dazuzugehören (siehe oben S. 35ff). Gelegentlich heilen Nervenschäden durch Gebet; das geschieht kaum im gewöhnlichen Heilungsverlauf.

Das Gesagte mag etwas kompliziert erscheinen. Die vielfachen Wege göttlichen Wirkens sind mit dem Verstand schwer faßbar. Wer im Heilungsdienst tätig ist, sollte aber zumindest folgendes wissen:

a) *Wir sollten nicht darauf bestehen, ein Wunder sei geschehen.* Oft ist allen Beteiligten klar, daß Gott bei einem Heilungsgebet am Werke war, und wir können ihn für die außergewöhnliche Heilung nur preisen. Für eine Gruppe wissenschaftlich Gebildeter braucht es aber absolut nicht überzeugend zu sein, von einem Wunder zu sprechen. Sie können einfach abschalten, und zwar häufiger wegen unserer ungenauen Ausdrucksweise. Jesus gebrauchte das Wort »Wunder« nicht oft, um Heilungen zu beschreiben. Die Evangelisten sprechen von »Machterweisen« oder »Zeichen«. Auch wir sollten eher von »Heilung« sprechen und mit dem Wort »Wunder« sparsamer umgehen, nämlich es nur dann gebrauchen, wenn die Heilung ganz offensichtlich außerhalb der Möglichkeiten des natürlichen Heilungsverlaufs geschah.

b) *Auch im göttlichen Wirken gibt es ein Mehr und ein Weniger.* Wie es in vielen Bereichen des Heilungsdienstes Grade des Mehr und des Weniger gibt, so auch beim sichtbaren und direkten Eingreifen Gottes in das Heilungsgeschehen. Beschleunigt Gottes Liebe einen natürlichen Vorgang, so ist das genauso schön, wie die schöpferische Kraft eines echten Wunders mitzuerleben.

Der direktere Eingriff Gottes beim echten Wunder oder dem, was uns als solches erscheint, braucht objektiv gar kein Mehr zu sein. Auch in jenen Naturvorgängen, die er geschaffen hat und in denen er weiterwirkt, kann Gott gleich intensiv gegenwärtig sein. »Ist er doch nicht fern von einem jeden von uns, denn in ihm leben wir, bewegen wir uns und sind wir« (Apg 17,27–28).

c) *Daß Wunder geschehen ist wichtig, aber zweitrangig.* Die Grenzen der Naturvorgänge sind fließend. (Ist die ärztlich bestätigte Langzeitheilung multipler Sklerose wirklich ein Wunder?) Es wird immer schwieriger zu sagen, daß etwas *außerhalb* der Grenzen der natürlichen Ordnung geschieht.

Die meisten Heilungen haben mehrfache Ursachen. Oft kann

man nicht sagen, ob letztlich Gebet, medizinische Versorgung oder ein spontanes Abklingen der Krankheit zur Heilung geführt hat, wie etwa bei einem Krebspatienten, der nach Gebet *und* Chemotherapie geheilt wird. Wissenschaftlich kann man nicht nachweisen, welche Faktoren das bewirkt haben.

Warum also sich gleich angegriffen fühlen, wenn ein Arzt sagt, die Heilung, die wir für eine göttliche Wirkung halten, beträfe eine psychosomatische Erkrankung, unser Gebet habe nur das Unbewußte des Kranken angesprochen und so einen psychischen Prozeß in Bewegung gesetzt, der dann zu der vermeintlichen körperlichen Heilung führte? Wenn 80 Prozent aller Krankheiten psychosomatischen Ursprungs sind, wie einige Ärzte behaupten, dann sollten 80 Prozent aller körperlichen Heilungen seelische Heilungen vorausgehen. Das beeinträchtigt nicht die Ehre Gottes. Seelische Heilung ist mindestens so wirklich wie körperliche. Bei allem, was die Psychosomatik heute weiß – wie viele ihrer Patienten werden denn tatsächlich durch die Schulmedizin geheilt? Sind Geschwüre wirklich leichter zu heilen als Brüche? Im Gegenteil, Knochenbrüche werden oft leichter geheilt als Geschwüre psychosomatischen Ursprungs. Kann Gebet helfen, Geschwüre zu heilen, so wertet der Arzt Gebet keineswegs damit ab, daß er darauf hinweist, das Grundproblem des Kranken wäre seine Angst und nicht das Geschwür in der Magenwand. Zu sagen, die Krankheit wäre *nur* seelisch und nicht *auch* körperlich, ist noch kein Beweis gegen die Kraft des Gebetes. Seelische Krankheit ist wirkliche Krankheit und oft schwerer zu heilen als eine körperliche Verletzung. Man sollte wohl eher dankbar sein, wenn eine Krankheit ihrem Ursprung nach *nur* körperlich ist!

6. Kapitel

SCHWIERIGKEITEN DES BEWEISENS

Kürzlich erschien in der Kirchenzeitung der Erzdiözese St. Louis der folgende Bericht[1], der das im vorigen Kapitel Gesagte veranschaulicht, nämlich die wunderbare Wirkung des Gebetes und die Unmöglichkeit, das wissenschaftlich zu beweisen – ganz gleich, wie deutlich wir es erleben. Einfach von der Natur solcher Fälle her ist jeder Beweis unmöglich. Aber das spielt hier schon fast keine Rolle mehr. Es gibt genug andere Lehren aus dieser Geschichte zu ziehen, besonders über den Wert ständigen Durchdringungsgebetes. Ich würde zum Beispiel gern wissen, wann unsere kleine Patientin wirklich geheilt wurde: beim ersten Gebet oder erst nach Monaten, aber genau wissen werde ich es nie. Doch hier ihre Geschichte:

»Niemand behauptet, daß ein Wunder geschehen sei. Die Eltern der vierjährigen Roell Ann Schmidt aus der St.-Rochus-Pfarrei glauben jedoch fest, daß Gott ihre Tochter von Krebs geheilt hat.

Sie glauben auch, daß Gott die gezielten Heilungsgebete erhört hat, die wöchentlich von Katholiken dargebracht wurden.

Ihr Glaube wird durch die Ärzte und Chirurgen des St.-Louis-Kinderkrankenhauses bestärkt. Die Ärzte nehmen die offenbar dauerhafte Heilung des Krebses nicht für sich in Anspruch, eines Krebses, der in 95 Prozent aller Fälle zum Tode führt.

Ehre, wem Ehre gebührt! Auf Wunsch der Eltern fand am 23. August 1975 in der Pfarrkirche St. Rochus ein Dankgottesdienst für die Heilung ihrer Tochter Roell Ann mit Pfarrer Robert M. Peet als Hauptzelebrant . . . und rund 80 Gläubigen statt. Die meisten hatten fast ein Jahr lang für Roells Heilung gebetet. Solche Dankgottesdienste sind relativ selten. Dies und die Bedeutung des

---

[1] Robert J. Byrne, *Child's Cure Causes Thanksgiving After Intense Prayer-Therapy*, St. Louis Review, 15. Oktober 1976, Teil 2, S. 2.

Gebetes für Roells offenkundige Heilung veranlaßten Herrn und Frau Schmidt, der St. Louis Review in allen Einzelheiten über die Umstände Auskunft zu geben, die zur Erkrankung, zur ärztlichen Behandlung, zum Gebet und zur offensichtlichen Heilung ihrer Tochter geführt haben.

Wir möchten betonen, daß es sich um die Begebenheiten in einem Einzelfall handelt. Er wird hier wiedergegeben, weil sich eine wachsende Zahl Katholiken für Gebetsgruppen interessiert, die um Heilung von körperlichen und seelischen Krankheiten beten und diese oft auch erreichen. Die kirchlichen Autoritäten haben bisher zum Fall Schmidt offiziell nicht Stellung genommen.

David Schmidt, 34, Geschichtslehrer, und seine Frau Barbara, 38, Englischprofessor an der Southern Illinois University, Edwardsville, sind Gemeindeglieder von St. Rochus seit ihrer Heirat vor zehn Jahren. Sie haben einen Sohn Karl, der jetzt neun Jahre alt ist. Roell, ihr zweites Kind, hatte im Juni 1975 eine Blaseninfektion, die zweite innerhalb von zehn Monaten. Man riet den Schmidts zu einer Röntgenuntersuchung.

Am 28. Juli 1975, kurz nach Roells drittem Geburtstag, wurden im St.-Louis-Kinderkrankenhaus Röntgenaufnahmen gemacht. Roells innere Organe schienen normal, nur ein 3 cm langer Kalkschatten wurde neben der rechten Nebenniere sichtbar. Es war zu 99 Prozent wahrscheinlich, daß es sich dabei um einen gutartigen Tumor handelte. Die Ärzte empfahlen möglichst bald einen chirurgischen Eingriff, um die Geschwulst zu entfernen.

Furcht und Zweifel führten Frau Schmidt zum Gebet, ›hauptsächlich weil ich es nicht mehr aushielt‹. Sie begann zur Gebetsgruppe der St.-Rochus-Pfarrei am Mittwochabend zu gehen, einer Gruppe, wie sie in den letzten Jahren in den Pfarreien zu Hunderten entstanden sind.

Nach mehreren durch Infektionen notwendig gewordenen Aufschüben wurde am 9. September 1975 durch Spezialisten des St.-Louis-Kinderkrankenhauses ein erster chirurgischer Eingriff vorgenommen. Das Ergebnis war niederschmetternd. Was man für einen gutartigen Tumor gehalten hatte, war eine bereits inoperable metastasierende Krebsgeschwulst. Dr. Vita Land sagte, es handle sich um ein Neuroplastom (eine Geschwulst aus unreifen Nervenzellen) dritten Grades. Bei Säuglingen unter einem Jahr lösten sich solche Tumore manchmal von selbst auf. Aber bei einem Kind in

Roells Alter, sagte die Ärztin, verliefen sie zu 95 Prozent tödlich. Es bestehe nur eine 50:50-Aussicht, Roell für einige Zeit am Leben zu erhalten, fügte die Ärztin hinzu, vorausgesetzt, man beginne mit Strahlenbehandlung und Chemotherapie.

Sofort begann man mit intensiver Strahlenbehandlung. Die Schmidts aber fingen an, intensiv zu beten. ›Ich bin eine Kämpfernatur‹, *sagt Frau Schmidt,* ›und David auch. Wir baten jeden um Gebet.‹ *Sie baten die Gebetsgruppe von Davids Mutter, die Nonnen in Sioux City, die Jesuiten der St.-Louis-Universität, die Benediktinerinnen an der Morganford Road und sogar die Methodisten-Gemeinde in der Nähe der St.-Rochus-Kirche.*

Nach zwanzig Tagen intensiver Bestrahlung begann für Roell eine auf 18 bis 24 Monate angesetzte Chemotherapie. Im Oktober wurden die Schmidts an ein weiteres Gebetszentrum verwiesen: Merton House, die Wohnung von Pater Francis MacNutt O.P.

›*Pater MacNutt sagte, er hätte keine Bedenken, um die Heilung meines Kindes zu beten*‹, *erzählt Frau Schmidt.* ›Die Erfolgsaussichten wären ziemlich gut, sagte er.‹

Jeden Donnerstag nachmittag brachten die Schmidts ihre Roell ins Merton House. Manchmal mit Pater MacNutt, manchmal nur mit seiner Mitarbeiterin, Schwester Mary Margaret McKenzie, oder mit anderen, die gerade da waren, beteten sie zu Gott, er möge Roell vom Krebs heilen.

›*Die Gebetssitzungen dauerten etwa 30 Minuten*‹, *sagt Frau Schmidt.* ›Sie begannen damit, daß Pater MacNutt Roell rechtsseitig die Hände auflegte, ungefähr dort, wo der Tumor sich befand. Oft wurde sie an der Stirn und im Bereich des Tumors mit heiligem Öl gesalbt. Dann betete man eine Zeitlang laut. Manchmal bat er Gott, den Tumor zu heilen, manchmal um Änderung der Symptome oder um Befreiung von schädlichen Nebenwirkungen der Chemotherapie, manchmal betete er in Sprachen. Die anderen beteten auch für das Mädchen. Dann sprachen alle zusammen das Vaterunser. Zum Schluß sang Roell* ›Everybody All Love Jesus‹, *ein Kinderlied, das sie schon konnte.*‹

Zuerst nahmen die Schmidts nur still Anteil. ›Drei Monate dauerte es, bis ich genug Vertrauen hatte, laut mitzubeten‹, *sagt Frau Schmidt. Sie gibt zu, daß ihr das Sprachengebet zunächst etwas merkwürdig vorkam.* ›Jetzt aber nicht mehr, denn ich habe die Sprachengabe selbst erhalten und fühle mich wohl dabei.‹

Kurz nach Beginn der Sitzungen im Merton House spendete Pater MacNutt Roell das Sakrament der Krankensalbung. Diesen Herbst hatte sie es von einem Kaplan ihrer Pfarrei empfangen. Im ganzen ist Roell zwei dutzendmal mit Öl gesalbt worden, auch wenn es nicht immer vom vollständigen Ritus begleitet war.

Von Anfang an waren die Schmidts von den Sitzungen im Merton House sehr beeindruckt. ›Allein die Erfahrung schien uns zu helfen‹, sagt David Schmidt. Barbara Schmidt führt das aus: ›Wir kamen uns vor wie Pilger . . . Das Gebet war so intensiv und so tief. Es schien der Sache auf den Grund zu gehen.‹

Im November geschah etwas, das die Schmidts zutiefst bewegte: ›Eines Morgens, als ich bügelte‹, erzählt Frau Schmidt, ›kam Roell aus ihrem Schlafzimmer und sagte: ›Mutti, Gott hat mir gesagt: Dir wird es gut gehen.‹ – ›Oh‹, antwortete ich, ›ich wußte gar nicht, daß ich krank bin.‹ – ›Nein‹, sagte Roell etwas irritiert, ›Gott meinte, mir wird es gut gehen.‹ Frau Schmidt erzählt, ihren Mann hätte es überrascht, daß Roell ›Du‹ sagte, als wiederhole sie genau, was sie hörte. ›Niemand wagte es zu glauben‹, sagt Frau Schmidt, ›aber es tröstete uns etwas. Es half uns über eine schwere Zeit hinweg.‹

Damals stand es wirklich schlecht. Durch die Strahlenbehandlung gingen Roell die Haare aus. Das ist leider eine Folge dieser Behandlung. Die Chemotherapie hatte schwere Nebenwirkungen auf das drei Jahre alte Mädchen: Appetitlosigkeit, schlechtes Blutbild, Fieberanfälle und mehrere Virusinfektionen. Die Chemotherapie wurde zeitweise abgesetzt, um die Nebenwirkungen einzudämmen. Dann aber begann sie von neuem.

Zu Beginn des Jahres 1976 entschloß man sich zu einer zweiten Operation, um zu sehen, wie die Behandlungen wirkten. Aber die Pläne wurden schließlich wieder aufgegeben. Roells Zustand schien sich nicht zu verschlimmern, meinten die Ärzte. Sie ordneten an, die Therapien fortzusetzen.

Die Schmidts beteten weiter, Mittwoch abend in der Pfarreigruppe, Donnerstag nachmittag im Merton House zusammen mit Roell. Während der Fastenzeit machten sie ein Leben-im-Heiligen-Geist-Seminar im St.-Francis-Xavier-College mit. Im April empfingen beide die Geisttaufe, eine Art Lebensübergabe im Glauben und als Zeugnis für den Herrn.

Ende Mai fand das Ärzteteam des Kinderkrankenhauses, bei

weiterer Fortsetzung der Chemotherapie würde ein bleibender Herzfehler entstehen; man müsse nun also doch operieren, um die Auswirkungen der Behandlung festzustellen und so viel wie möglich von dem Tumor zu entfernen.

Am 22. Juni fand die Operation durch Dr. Lawrence O'Neal vom Kinderkrankenhaus statt. Er entfernte die noch verbliebene Masse, ein Drittel der Nebenniere und vier Lymphknoten. Die Schmidts und Hunderte von Freunden beteten intensiv. Drei Tage später, am 25. Juni, berichteten die Ärzte den Schmidts folgendes: Der Tumor war frei von Krebszellen. Die anderen Drüsen waren nicht nur frei von bösartigen Zellen, sondern es hatte sich auch eine Anzahl von gesunden Ganglienzellen gebildet. Die Therapien hatten möglicherweise die Krebszellen vernichtet. Neubildung und Wachstum der gesunden Zellen aber konnte sich das Ärzteteam nicht zugute halten. Dieser Verlauf war bei Patienten gleichen Alters und gleichen Zustandes derart ungewöhnlich, daß er ihnen bemerkenswert erschien.

›Wir waren so benommen von der Angst und der Erschöpfung, daß wir eine Woche brauchten, um diese Nachricht wirklich aufzunehmen‹, sagt Frau Schmidt. Sie berichtete Pater MacNutt davon. Er war ganz glücklich. Er meinte, er und andere wären Gottes Werkzeuge gewesen.

Nach langem Überlegen sagt David Schmidt über Roells offensichtliche Heilung: ›Zweifellos hat das Gebet das bewirkt, besonders das Gebet vom Merton House mit Pater MacNutt und Schwester Mary Margaret und all den Freunden von der Gebetsgruppe St. Rochus. Damit sage ich aber nicht, Bestrahlung und Chemotherapie wären unnötig gewesen.‹

›Wir haben keine medizinischen Beweise, daß ein Wunder geschehen ist‹, sagt Herr Schmidt weiter, ›aber wir haben auch keinen Beweis dafür, daß die ärztlichen Maßnahmen die Zellteilung und die Heilung bewirkt haben. Wer weiß? Vielleicht werden wir eines Tages entdecken, wie diese Zellteilung zustande gekommen ist.‹

›Ich weiß nur, Gott hat unsere Tochter geheilt. Ob es durch die Bemühungen des Ärzteteams des Kinderkrankenhauses geschah oder ob die bösartigen Zellen nur so verschwanden, ist eine müßige Frage.‹

Frau Dr. Land nennt das ›die 64.000-Dollar-Frage‹. Aber sie ist der gleichen Überzeugung: ›Wir wissen nicht, was die Verände-

rung bewirkt hat. In 95 Prozent der Fälle stirbt das Kind innerhalb von zwei Jahren. Mehr kann ich nicht sagen.‹

Frau Schmidt fügt dem noch hinzu: ›Die Tiefe der Gebete im Merton House hat uns von Woche zu Woche durchgetragen. Ohne dieses Gebet hätte unsere Familie niemals überlebt‹, sagt sie. ›Das ist kein geringer Sieg. Krebs bei Kindern hat eine fast bösartige Auswirkung auf die Eltern. Das Kinderkrankenhaus hat einen eigenen Sozialarbeiter angestellt, der sich nur mit Familienstreß durch Kinderkrebs beschäftigt.‹

Seit Juni gehen die Schmidts weiter zu den wöchentlichen Gebetstreffen. Durch die intensive Strahlenbehandlung ist Roell höchstwahrscheinlich unfruchtbar geworden. ›Wir bitten Gott, der sie geheilt hat, sie nicht an den Nebenwirkungen sterben zu lassen‹, sagt Herr Schmidt.

Anderen Krebspatienten kann Roell ein ermutigendes Beispiel sein. Die Schmidts haben ein echtes Bedürfnis, für andere zu beten, besonders für Krebskranke. Sie haben den Dankgottesdienst am 23. August in St. Rochus gewünscht, um Gott öffentlich für Roells Heilung zu danken, sagen sie. Und sie werden weiterbeten. Jetzt ist es ein Dankgebet.

›Ich habe um Heilung gebetet‹, bemerkt David Schmidt, ›und ich habe für Heilung gedankt. Und glauben Sie mir, es ist soviel schöner, zu danken.‹«

7. Kapitel

HABE ICH DIE HEILUNGSGABE?

Oft bitten mich Menschen, dafür zu beten, daß sie die Gabe erhalten, andere zu heilen. Andere schreiben, jemand habe ihnen gesagt, sie hätten die Heilungsgabe. Sie wollen wissen, was sie tun sollen.

Ich versuche, ihnen folgendes zu antworten: Die Geistesgaben – im Unterschied zu den natürlichen Begabungen – sind in Gott, dem Vater, dem Sohn und dem Heiligen Geist. Der Vater, der Sohn und der Heilige Geist heilen. Sie sind in jedem Christen gegenwärtig: »Ich habe deinen Namen kundgetan und werde ihn weiterhin kundtun, damit die Liebe, mit der du mich geliebt hast, in ihnen sei und ich in ihnen« (Joh 17,26).

Gott ist in uns, und seine Liebe ist in uns. Bitten wir Gott zu heilen, so wird er seine heilende Kraft *mit* uns und *in* uns und *durch* uns offenbaren. Manchmal tut er das auch, wenn wir ihn nicht darum bitten. Er heilt dann einfach durch seine Gegenwart.[1]

Jeder Christ trägt die Möglichkeit der Heilung in sich. Jeder

---

[1] Das kommt ziemlich häufig vor. Die folgende Schilderung aus einem Brief ist typisch: »Meinem Rücken geht es gut. Ich glaube, das Leiden wird nicht mehr auftreten. Ich habe vier Tage pro Woche im Bett verbracht, bis ich zu den Exerzitien kam. Die Bandscheibe war verschoben. Wie Sie wissen, ist das besonders schmerzhaft. Der Rücken braucht Zeit, bis alles wieder normal ist. Zum dritten Mal war mir das schon passiert, und diesmal war es weit schmerzhafter. Als ich am Freitag zu den Exerzitien fuhr, waren die Schmerzen noch sehr arg, ich war ganz steif, und bei den Vorträgen störte es mich sehr. Am Samstag abend drängten mich Freunde, mich hinzusetzen und sie für mich beten zu lassen. Ich zögerte ein bißchen, ich meinte, anderen ginge es noch schlechter als mir. Als wir alle füreinander beteten, war der Rücken ganz vergessen. Ich wurde aber gleich wieder daran erinnert, als die Leute hinter mir hereindrängten und ich mich in verschiedenen Richtungen bewegte, um mich zu schützen. Urplötzlich bemerkte ich, Steifheit und Schmerzen waren weg. Ich fühlte nichts mehr. Ich kann Gott nie, nie genug preisen und dem Herrn nie genug danken, seine Kraft und seine Herrlichkeit an mir so wunderbar am Werk zu sehen.«

sollte bei Gelegenheit für sich selbst und für andere um Heilung beten. Können aber *alle* um Heilung beten, warum sollten dann einige um die besondere Gabe der Heilung bitten?

Es ist eine Erfahrungstatsache, daß manche eine besondere Heilungsgabe haben, so wie andere die besseren Prediger sind: Jeder kann sprechen, aber nicht jeder ist es wert, daß man ihn predigen hört. Durch den Heilungsdienst einiger werden offenbar mehr Menschen geheilt als durch den anderer. Zu Kathryn Kuhlmans Zeiten mußte man ein Narr sein, ohne besondere Gaben Gottesdienste wie die ihren zu halten. Barbara Shlemon behauptete, keine besondere Gabe zu haben. Sie sagte, sie wolle einfach jeden Christen lehren, um Heilung zu beten wie sie. Aber erst nach einiger Erfahrung wußten die Leute Barbaras besondere Gabe richtig zu schätzen.

Wer mit einer besonderen Heilungsgabe ausgestattet ist, wird – aus welchem geheimnisvollen Grund auch immer – von Gott mehr in Anspruch genommen als andere, er scheint mehr »Erfolg« beim Heilungsgebet zu haben, besonders in schweren Fällen.

Wenn also jemand die Heilungsgabe erbittet, sollte er wissen, worum er bittet, nämlich darum, daß Jesus in ihm jene Gabe intensiviert, die er bis zu einem gewissen Grade schon hat, den Kranken besser zu helfen. Mit Stolz hat das nichts zu tun.

Geschieht diese Kraftübertragung tatsächlich, so braucht man nicht herumzugehen und den Leuten zu erzählen, man habe jetzt eine besondere Gabe. Sie wird ohnehin sehr bald offenkundig werden: durch außergewöhnliche Heilungen, wenn man ganz einfach für seine Familie und für Freunde betet. Es spricht sich herum, Leute kommen, die nicht zur Bekanntschaft gehören und bitten um Gebet und Hilfe.

Fragt mich jemand, was er mit seiner Heilungsgabe anfangen soll, so ist sie noch nicht sehr weit entwickelt. Er sollte begierig sein, dazuzulernen, anstatt die Leute wissen zu lassen, daß er zum Gebet zur Verfügung steht. Kurz, wir sprechen auch hier wieder vom Mehr oder Weniger – und nicht vom Haben oder Nichthaben.

Betrachtet man die Heilungsgabe als Teilhabe am Leben Gottes, so kann man auch das Durchdringungsgebet besser verstehen: Ist mein Anteil am Leben Gottes geringer, so wird dieses Leben auch langsamer in jenen überströmen, mit dem ich bete. Ich habe den

Eindruck, nicht *ihres* mangelnden Glaubens wegen werden viele nicht geheilt, sondern wegen der *mangelnden geistlichen Kraft des Beters*. Die Jünger hat Jesus gescholten, weil *sie* den epileptischen Knaben nicht heilen konnten (Mk 9,14–29).

Jeder Christ hat also die Fähigkeit, um Heilung zu beten. Die Wirksamkeit seines Gebetes aber ist eine Frage der Intensität. Wen Gott in hohem Maße in Anspruch nimmt, der hat die Gabe des Heilungsdienstes für eine größere Gemeinschaft – mit einer Ausnahme: In jedem Seminar trifft man Leute, deren Gebet für andere mehr Probleme schafft, als es löst. Sie übertragen ihre eigene Angst oder andere negative Kräfte auf denjenigen, für den sie beten, und machen damit alles Gute zunichte, das ihr Gebet bewirken kann. In jedem Seminar kommt jemand und sagt: »Bitte sagen Sie dem XY, er möge nicht für uns beten. Mir wird kalt, sobald er da ist. Ich werde ganz nervös.« Kommen solche Äußerungen von mehreren Seiten, so muß der Leiter die Anwesenden vor dem »Dienst« des Betreffenden schützen, ohne ihn unnötig zu verletzen. Diese Schwierigkeiten ließen sich weitgehend vermeiden, wenn niemand unaufgefordert für andere beten oder er zumindest vorher fragen würde, ob er für jemanden beten darf, und es diesem leicht machte, nein zu sagen. Meiner Erfahrung nach drängen problematische Leute sich gern anderen auf und haben es besonders nötig, sich zu bestätigen.

WACHSTUM

Mehr oder weniger hat also jeder die Möglichkeit, um Heilung zu beten. Das Maß, in dem wir eine Gabe bekommen haben, kann aber auch noch wachsen. Ich hoffe, im Laufe der Jahre gewachsen zu sein – und zwar nicht nur durch Studium und Erfahrung, sondern auch im Glauben und in der Fähigkeit, Gottes Werkzeug zu sein. Sind wir getreu in kleinen Dingen, so wird Gott uns mehr und mehr für größere Aufgaben gebrauchen. Wir müssen einfach den ersten Schritt tun, für die Kranken in der Familie und in der Gemeinschaft zu beten. Gewachsen an Weisheit und Kraft wird uns Gott vielleicht später Krankenhäuser besuchen oder Gruppen beim Heilungsgebet leiten lassen.

Kathryn Kuhlman z. B. hatte eine lange Lehrzeit des Gebetes hinter sich, jahrelang sprach sie in Kleinstadtkirchen, bevor sich ihre berühmten Heilungsdienste entwickelten. Selbst Jesus »nahm zu an Weisheit, an Alter und Gnade vor Gott und den Menschen« (Lk 2,52).

Die meisten von uns haben vor alledem sicher ein bißchen Angst. Es scheint so anmaßend, zu sagen, ich habe die Heilungsgabe. Das klingt so, als sagte man, ich bin jetzt heilig oder schon ein Heiliger. Das ist aber *falsche* Demut. In der Tradition der katholischen Kirche gehört die Heilungsgabe (zusammen mit den anderen 1 Korinther 12 erwähnten Gaben) zu den *gratiae gratis datae*. Das bedeutet, die Gabe ist zum Nutzen der Gemeinde gegeben. Sie heiligt nicht notwendig denjenigen, der sie empfängt. Ich kann ein Sünder sein, und Gott kann mich dennoch zum Heilen gebrauchen. Jemanden, der ein unmoralisches Leben führt, kann Gott zu einer wirkungsvollen Predigt benutzen. Aus *Mitleid mit den Kranken* kann Gott uns seine Heilkraft geben – und nicht, um den Stolz des Heilers oder Predigers zu vergrößern. Das ist ziemlich demütigend und auch ernüchternd.

VERSCHIEDENE GABEN

Die Erfahrung zeigt, daß es Heilungsgaben für bestimmte Bereiche gibt. Zum Beispiel kann jemand nachweislich eine allgemeine Heilungsgabe besitzen, aber einfach keine große Wirksamkeit im Heilungsgebet für Krebs erzielen. Bittet dann ein Krebspatient um Gebet, so schickt man ihn am besten zu jemand anderem. Ich kenne eine Ordensfrau mit einer besonderen Heilungsgabe für Krebspatienten. Sie wird aus der ganzen Welt angerufen und betet telefonisch um Heilung, offenbar mit großem Erfolg. Michael Gaydos[2] berichtet über seine eigene Heilung von einem Augenleiden und die danach empfangene Gabe, für andere mit der gleichen Krankheit beten zu können:

»Überall im Saal nahmen einige das Wort auf, nahmen die Brille ab und die Kontaktlinsen heraus. Einige hatten die Brille wieder auf, als sie die Tagung verließen. Andere griffen nach ein oder zwei Tagen wieder danach. Wieder andere mußten zum Arzt, um sich weniger starke Gläser verschreiben zu lassen. Aber eine ganze Reihe brauchte von diesem Abend an keine Gläser mehr. Nach

---

[2] Michael Gaydos, *Eyes to Behold Him*, Creation House 1973, S. 68.

Beendigung der Charismatischen Konferenz kamen zwei verschiedene Schätzungen zum gleichen Ergebnis: Gott hatte die Augen von über 200 Menschen ganz oder teilweise geheilt.«

Michael Gaydos' Erfahrung zeigt, daß Menschen, die von einer bestimmten Krankheit (z. B. Alkoholismus) geheilt werden, dadurch die besondere Gabe empfangen, für andere mit denselben Schwierigkeiten zu beten, vielleicht weil sie dort mehr glauben, wo sie selbst Gottes Kraft erlebten. Ich weiß von mir selbst, für die Heilung von Stummheit und Taubheit haben andere mit viel Erfolg gebetet, durch mein Gebet aber wurden nur wenige geheilt. Bei Erkrankungen der Bewegungsorgane dagegen, die besonders schwer zu heilen sind, habe ich beachtliche Heilungen, meist nach und nach, erlebt. Auch beim Gebet für Unterleibs- und Brusterkrankungen – mit Ausnahme von Krebs – kann ich erwarten, daß etwas geschieht. Eines Tages werde ich diese offenkundige Auslese vielleicht verstehen, heute aber verstehe ich noch nichts davon. Ich kann nur sagen, vom Menschlichen her bete ich mit großem Vertrauen um die Heilung bestimmter Krankheiten und mit weniger Vertrauen für andere.

Wen die Erfahrung lehrt, daß Gott ihn in bestimmten Bereichen nicht gebraucht, sollte diese Tatsache in aller Einfachheit zur Kenntnis nehmen und im Gebet fragen, ob etwas nicht in Ordnung ist. Menschen mit Gebrechen in diesen Bereichen kann er zu jemand anderem schicken, der im Gebet um die Heilung *dieser* Krankheiten mehr zu erreichen scheint.

GRADE DER SCHWIERIGKEIT

Ich kann nicht genau sagen, welche Krankheiten am schwersten zu heilen sind. Im allgemeinen gilt, je länger jemand krank ist, desto mehr Zeit braucht die Heilung. Selbst eine schwere Verletzung durch einen kürzlichen Autounfall scheint schneller zu heilen als ein altes chronisches Leiden.

Der Grad der Schwierigkeit hängt ebensowenig davon ab, ob die Krankheit psychosomatisch ist oder nicht. Einige Kritiker sagen, durch Gebet geheilt werden könne nur eine Krankheit, die ursprünglich durch negative Suggestion entstanden sei, indem unser Gebet sie durch positive Suggestion aufhebe. Aus Erfahrung weiß ich aber, daß Unfallverletzungen durch Gebet leichter beeinflußt werden als gewisse tiefliegende seelische Probleme.

Bei einigen Krankheiten, wie etwa bei Magengeschwüren, beträgt die Heilungsrate etwa 80 Prozent. Andere Krankheiten scheinen selten geheilt zu werden, zum Beispiel Querschnittlähmungen. Man muß das einfach sagen – nicht um das Vertrauen ins Gebet zu schmälern, sondern um zu erkennen, daß, wie es Grade der Kraft und des Glaubens gibt, in die wir hineinwachsen, es auch Grade der Krankheit gibt. Im Alltag weiß das jeder, in den Gebetsgruppen aber verlieren manche Leute den Sinn für die Wirklichkeit. Es kommt nicht nur auf den rechten Glauben an, sondern auch auf die notwendige Heilkraft – und wieviel Kraft einen Menschen durchströmt.[3]

Ich warte auf den Tag, an dem ein amputiertes Bein nachwächst oder jemand von den Toten auferweckt wird. Aber ich weiß auch, daß, wer dafür betet, von Gott in einem bestimmten Fall dazu berufen sein muß. Ein besonderes Maß an Glauben und geistiger Kraft ist dabei sicher eine Hilfe. Auch hier kann Gott einen schwachen Menschen für eine außergewöhnliche Heilung gebrauchen. Das ist das Geheimnis göttlicher Liebe: »Nicht, als hätte ich es schon ergriffen, oder als wäre ich bereits vollendet. Aber ich jage ihm nach, um zu ergreifen, weil ich von Christus Jesus ergriffen ward. Ich bilde mir nicht ein, es schon ergriffen zu haben. Eins aber gilt: ich vergesse, was hinter mir liegt, und strecke mich aus nach dem, was vor mir liegt« (Phil 3,12–13).

Zusammenfassung

In den Kapiteln dieses Ersten Teiles habe ich versucht, verschiedene Aspekte einer grundlegenden Einsicht in den Heilungsdienst herauszuarbeiten. Meist geht es dabei um ein *Mehr oder Weniger:*

1. *Die Gabe und Kraft in uns,* um Heilung zu beten, ist mehr oder weniger stark. Man kann Großes erwarten, wenn Christen um Heilung beten. Selten aber verstehen wir vollkommen, was wir tun, wenn wir beten – und wir sehen auch nicht immer vollkommene Resultate.

2. *Die Krankheit* heilt mehr oder weniger leicht. Einige Krank-

---

[3] Dazu kommt noch das Geheimnis des göttlichen Willens (vgl. Kapitel 10). Heilung hängt nicht zuerst vom Gebet oder von der geistigen Kraft des Menschen ab. Einige werden nicht geheilt, weil Gott es nicht will.

heiten und Verletzungen sind dem Heilungsgebet relativ zugänglich, andere dagegen erweisen sich als sehr hartnäckig.

3. *Die Zeit* des Heilungsgebetes ist mehr oder weniger ausgedehnt. Sie reicht von ein paar Sekunden für Kopfschmerzen bis zu mehreren Jahren für geistig Zurückgebliebene.

4. *Die Heilung* kennt ein Mehr oder Weniger von leichter Besserung bis zu vollkommener Heilung.

5. *Gottes direkter Eingriff* in den Heilungsprozeß ist mehr oder weniger stark und deutlich. Manchmal wirken die natürlichen Heilkräfte normal, manchmal werden sie durch Gebet beschleunigt, manchmal scheint ausschließlich Gottes Schöpferkraft am Werk.

Diese Sicht des Mehr oder Weniger sollte uns helfen, Gottes Liebe und Heilkraft auf die subtilste Weise am Werk zu sehen. Sie mahnt uns, niemals Heilung mit Absolutheit zu verlangen oder etwas beweisen zu wollen, was nicht wirklich überzeugt. Seit ich dieses Mehr oder Weniger, im Unterschied zum Alles oder Nichts, erkannt habe, sehe ich Gottes Erbarmen erkennbarer am Werk als vorher.

Zweiter Teil

DER VERWUNDETE HEILER

»Aber die Kunde von ihm verbreitete sich noch mehr, und große Volksscharen kamen, um ihn zu hören und von ihren Krankheiten geheilt zu werden. Er aber zog sich in die Einsamkeit zurück und betete.«

(Lk 5,15–16)

8. Kapitel

GLANZ UND ELEND DES HEILERS

Ich möchte hier einfach etwas sagen über die Pein menschlichen Daseins, besonders meines Daseins. Vielleicht hilft es bei der Auseinandersetzung mit dem Heilungsdienst.

ELEND

Man hält mich für einen Gesundbeter. Schon das Wort tut weh.[1] Aber wie sagt man korrekt? »Heiler« ist auch nicht sehr zutreffend; man denkt dabei an Antiintellektualismus, Zeltmission und Geldmacherei. Im Priesterseminar und an der Universität ist der Gesundbeter das Letzte. Ich bin nun einmal Akademiker, und ich war Professor an einem Priesterseminar. Für die Katholiken sind Gesundbeter Schwärmer mit einer unmöglichen Theologie und einem unerträglichen Predigtstil. Auch die Protestanten, mit denen ich während der Seminarzeit Kontakte hatte, schauten auf den Gesundbeter als einen Fundamentalisten herab, mit dem sie nichts zu tun haben wollten. Im Priesterseminar würde man ihm sicher mit Skepsis begegnen, in der Theologischen Fakultät von Harvard ihn auch nicht gerade mit offenen Armen empfangen.

Wer sich im Heilungsdienst engagiert, wird damit leben müssen, als Gesundbeter abgestempelt zu werden. Bei Gelegenheit wird man auch seine Rechtgläubigkeit als Katholik in Frage stellen. Anfänglich wurde der Heilungsdienst sogar in einigen katholischen charismatischen Gebetsgruppen als unannehmbar bezeichnet: als pfingstlerischer Ballast, den wir Katholiken nicht überneh-

---

[1] Andere sprechen von »göttlicher Heilung« oder »Heilung durch Gebet«. Aber damit ist das Problem nicht gelöst. Was sagen wir eigentlich von Jesus? War Jesus ein Gesundbeter? Gibt es ein treffendes Wort für seinen Heilungsdienst? Nennen wir ihn den »göttlichen Arzt«, so umgehen wir das Problem ebenfalls.

men sollten. 1969 wurde ich aufgefordert, als Theologe und Priester den Heilungsdienst bei den Katholiken zu verteidigen. Zum Beispiel wurde ich nach Benet Lake, Wisconsin, eingeladen, um zur Annahme des Heilungsdienstes von Barbara Shlemon zu ermutigen, jener katholischen Krankenschwester, die seit 1964 im Alleingang versuchte, katholische Priester für den Heilungsdienst zu gewinnen, den sie von anglikanischen Freunden übernommen hatte. Selbst nachdem die Charismatische Erneuerung die katholische Kirche ergriffen hatte, waren die kleinen katholischen Gebetsgruppen in jener Gegend noch nicht bereit, die Heilungsgabe als eine gewöhnliche Geistesgabe anzunehmen.

Der Heilungsdienst wurde dann in der katholischen Charismatischen Erneuerung schnell akzeptiert; die meisten wissen heute nicht einmal mehr, mit welchen Widerständen wir uns anfänglich auseinanderzusetzen hatten. Heute öffnet sich die Gesamtkirche dem Heilungsgebet mehr und mehr. Immerhin bin ich noch 1976 bei Vorträgen von Priestern im Publikum als »Ketzer« und »Protestant« beschimpft worden.

Dann gibt es immer wieder Dinge wie jenen in ganz Amerika verbreiteten Agenturbericht mit der Schlagzeile »*Sie heischen nach dem Zepter Kathryn Kuhlmans*« und Fotos von Pater Michael Scanlan und mir. Das war schon schlimm genug. Der Text aber stellte mich als »die heißeste Nummer in der katholisch-charismatischen Truppe« vor. Im »National Catholic Reporter« erschien ein Artikel über die Charismatische Priesterkonferenz im Steubenville College im Juni 1976: Barfuß und mit einer Tunika bekleidet hätte ich im Scheinwerferlicht gestanden wie ein Rockstar.

Mein Image des geachteten früheren Präsidenten der Katholischen Homiletischen Gesellschaft Amerikas ist sowieso dahin. Ich habe gelernt, damit zu leben und mich sogar daran zu freuen; man fühlt sich wie ein komischer Heiliger. Nur bringt das bedauerliche Nebenwirkungen mit sich. Vorige Woche lehnte ein Bischöfliches Ordinariat die Bitte einer lokalen katholischen Gebetsgruppe ab, im Bürgersaal einer Großstadt einen Heilungsgottesdienst abzuhalten. Ich kann die Bedenken des Ordinariates durchaus verstehen, ja zu sagen zu einem derartigen Heilungsgottesdienst – daß das etwas durchaus Ehrbares sein kann, daß es zum Ruhm Gottes in seiner Kirche beitragen kann. Ich kenne die Art Propaganda, von der solche Gottesdienste fast immer begleitet sind.

Das ist einfach der Preis für die Rückkehr des Heilungsdienstes in den Alltag der Kirche. Als Wissenschaftler ernstgenommen zu werden, muß ich einfach abschreiben – wie auch viele andere Akademiker auf ihren Ruf werden verzichten müssen, wenn der Heilungsdienst wieder dorthin kommen soll, wo er hingehört, nämlich auf die öffentlichen Plätze.

Heute aber tut es mir doch noch weh, wenn Freunde erzählen, ein bekannter Theologe und Kirchenmann hätte gesagt, in meinem Buch *Die Kraft zu heilen* wäre nicht sooviel Theologie – und er hätte bei seiner Geste zwischen Daumen und Zeigefinger knapp drei Millimeter gelassen. Es paßt mir nicht, als intellektuelles Leichtgewicht zu gelten, ich möchte lieber als Wegbereiter eines neuen Pastoralgedankens angesehen werden. Aber auch das muß ich fahren lassen, muß mich als verrückt hinstellen lassen, darf dabei aber möglichst nicht verrückt werden. Ich muß es einfach hinnehmen, nach Meinung einiger Wissenschaftler in eine primitive Weltanschauung zurückgefallen zu sein, die sie aus Gewissensgründen angreifen *müssen*, damit die Menschen nicht etwa zum Aberglauben zurückkehren.[2] Ein Dokument über Ökumene, erarbeitet von Theologen, die in der Charismatischen Erneuerung engagiert sind, enthielt im Entwurf den Satz, große Heilungsgottesdienste, bei denen die Gabe der Erkenntnis gebraucht wird, seien strikt abzulehnen. Ich kenne die Problematik solcher Heilungsgottesdienste. Noch problematischer aber scheint mir der Wunsch, ernstgenommen zu werden von einer wissenschaftlich und rationalistisch ausgerichteten Welt.

Auch ich möchte ernstgenommen werden und eine gute Presse haben. Die Furcht um den guten Ruf aber kann einen davon abhalten, zu sprechen und zu handeln. Ich glaube, diese Furcht lähmt alle jene, die doch gerade den Weg bahnen sollten, nämlich Bischöfe, Priester und Pastoren. Das führt dazu, daß wir die »weltlichen« Hallen und die Menge der Kranken den Machenschaften freier Evangelisten überlassen, deren marktschreierische Techniken wir dann hinterher kritisieren. Wir sollten den Kranken etwas Besseres zu bieten haben. Wir sollten den Weg weisen, sowohl durch einen ausgewogenen öffentlichen Heilungsdienst,

---

[2] Mehr noch als Heilung lösen Themen wie Exorzismus und Befreiung von Dämonen Furcht und Widerstand aus.

der der Menge etwas gibt[3], als auch durch die Einzelbegegnung in der relativen Verborgenheit unserer Gebetsgruppen und Wohnungen. Ich meine, viele unserer Kirchenführer folgen heute eher Gamaliel als Petrus. Gamaliel war der Kluge am Rande, der den Hohen Rat zur Vorsicht mahnte, abzuwarten und zuzusehen, ob die Christen nicht von selbst aussterben, und nur darum nichts gegen sie zu unternehmen, weil ihre Bewegung vielleicht doch göttlichen Ursprungs sein könnte (Apg 5,34–39). Petrus aber wagte zu handeln. Er heilte den Lahmen. Er zog dadurch den Zorn der religiösen Führer auf sich. Sie waren neidisch, denn die Volksmenge lief den Jüngern Jesu nach. Petrus aber hielt sich nicht an jene Autoritäten, die ihm verboten, weiter im Namen Jesu zu predigen.

GLANZ

Soviel über meine Angst vor Kritik, die mich andauernd begleitet, vor *echter* Kritik, die mich gelegentlich trifft. Aber ehrlich gesagt, echte Kritik ist selten im Vergleich zum Beifall. Schwerer zu ertragen ist die Anbetung des Heilers durch den Geheilten. Nach der Heilung des Lahmen in Ikonium mußten Paulus und Barnabas die Menge abwehren, die sie zu Göttern machen wollte: »Ihr Männer, was tut ihr da? Wir sind gerade so schwache Menschen wie ihr« (Apg 14,15).

Offenbar meinen die Leute, wenn Heilung durch Vermittlung eines Menschen geschieht, dann muß dieser Mensch heilig sein. Sagt man ihnen, man wäre nicht heilig, und meint es auch, so glauben sie, man wäre nur zu demütig, es zuzugeben.

Eines Abends geschah etwas, das mir half, mit all dieser Verehrung fertigzuwerden. (Ich weiß, es ist ehrlich gemeint, aber ich komme mir so unecht dabei vor, als hielten mich die Leute für

---

[3] Die gemeinsame Spendung der Krankensalbung ist ein großer Schritt vorwärts in dieser Richtung. Aber sie hat noch nicht zu dem Zeugnis geführt, daß Menschen öffentlich in großem Stil geheilt werden. Bisher haben Heilungen im großen Rahmen nicht jene Zahlen erreicht, die zu einem öffentlichen Zeugnis werden, oder sie sind geschehen, ohne öffentlich bezeugt zu werden. Voriges Jahr las ich zwei Berichte über gemeinschaftliche Feiern der Krankensalbung, bei denen zwar keine Heilungen offenkundig wurden, von denen aber viel Segen für alle Teilnehmer ausging.

jemanden, der ich gar nicht bin.) Bei einem mittelgroßen Gebetstreffen betete ich für einzelne Leute. Ich trug meinen weißen Dominikanerhabit und bemerkte, daß die Wartenden mich bewundernd anschauten. Das brachte mich ganz durcheinander. Ich bat den Herrn, mir zu helfen. Ich sagte: »Der Ruhm gehört Dir und nicht mir. Bewahre mich vor all dieser Vergötterung!« Mir war, als sagte der Herr: »Richte keine Schranken auf zwischen dir und mir. Nimm es nicht so wichtig. In dir sehen die Leute *mich*.« Das war es! Es war also gut, daß sie mich so ansahen! Es war eine Hilfe für die Leute, und ich sollte das auch so hinnehmen. Ich blieb menschlich und schwach mit all meinen Sünden und Fehlern. Was die Leute an Gutem sahen, war wirklich gut und gehörte dem Herrn – und auf eine gewisse Art auch mir. Ich sollte mich so wenig dagegen wehren wie gegen die Liebe und das Vertrauen anderer. Sie sollten ruhig etwas Liebenswertes an mir finden. Ich wollte ja auch etwas Liebenswertes an ihnen finden. Gott geben wir die Ehre – solange wir erkennen, daß alle Liebe von Gott kommt. Als ich das einsah, war ich wieder eins mit mir. Ich konnte weitermachen, mit den einzelnen beten und zufrieden sein mit allem, was jeder dort dachte. Und schließlich konnte ich die Liebe der Menschen annehmen.

Die heilige Theresia von Avila fragte sich, wie man demütig bleiben kann, auch wenn man mit Persönlichkeit, Charme und Intelligenz begabt ist und es weiß. Sie sagte sich, die Gaben herunterspielen hieße die Gaben *Gottes* leugnen. Je deutlicher man sie als Gaben erkennt, sie anschaut, wie schön sie sind, aber dann auch den Geber anschaut und ihm dafür dankt, desto mehr lobt und preist man *Ihn*.

Die einen kritisieren einen und sehen einen als komischen Kauz an, die anderen stellen einen aufs Podest und bewundern einen als Heiligen. Es ist wirklich nicht leicht, dabei das Gleichgewicht zu wahren. Letztlich kann man das nur in sich selbst, dort, wo man weiß, wer Gott ist und wer man selbst ist. Weder die Furcht vor Kritik noch die Furcht, als Held gefeiert zu werden, sollte einen davon abhalten, für die Kranken zu beten.

Erst wenn Tausende für die Kranken beten, wird man den Heilungsdienst wieder als etwas Gewöhnliches betrachten. Erst dann wird man den im Heilungsdienst Tätigen weder verachten noch vergöttern.

9. Kapitel

NEIN SAGEN MÜSSEN

Im vorigen Kapitel sprach ich davon, wie schwer es ist, man selbst zu bleiben, wenn man im Heilungsdienst steht: Entweder halten einen die Menschen für weniger, als man ist, und man wird kritisiert, oder sie machen zuviel aus einem, und man wird über alle Maßen verehrt. Berühmtheiten im Heilungsdienst mußten sich schon immer hinter Sekretärinnen und vorgedruckten Briefen verschanzen. Wie kann man also einfach der bleiben, der man ist, ohne Verteidigungsreflex wegen der jahrelangen Kritik und ohne Leibwächter wegen der Menge, die einem nachstellt?

FALSCHE SPIRITUALITÄT

Die schlimmste Halbwahrheit ist eine falsche Spiritualität: die Vorstellung, Gebet könne jeden Mangel an menschlicher Vernunft ausgleichen. Zum Beispiel, ich komme in eine Stadt, wo ich Freitag- und Samstagabend in den Gebetsgruppen sprechen soll. Am Freitagmorgen bringt man mich vom Flughafen ins Krankenhaus, um dort für einige Schwerkranke zu beten. Nach dem Mittagessen treffe ich die Leiter der örtlichen Gebetsgruppe, um mit ihnen Fragen des Heilungsdienstes zu besprechen. Am Spätnachmittag findet ein kleines Gebetstreffen statt, um das große Gebetstreffen am Abend vorzubereiten. Nach dem Abendessen, bei dem es um sehr ernste Angelegenheiten geht, findet das große Gebetstreffen statt. Da ich im Haus des Gruppenleiters übernachte, wird bis spät in die Nacht diskutiert. Der Samstag sieht genauso aus, nur fast noch schlimmer. Denn jetzt klingelt die ganze Zeit das Telefon mit verzweifelten Hilferufen von Leuten, die am Vorabend den Vortrag über Heilung gehört hatten. Meist sind es Menschen, die Innere Heilung brauchen oder sogar Befreiung von Dämonen. In der örtlichen Gebetsgruppe konnte man ihnen nicht helfen, und sie meinen nun, ich könne etwas für sie tun, wenn nur genügend Zeit bliebe.

Früher versuchte ich, all diesen Anliegen gerecht zu werden und dennoch zu einer vernünftigen Zeit ins Bett zu kommen. Vor Mitternacht aber wurden wir kaum je fertig. Erst nachher merkte ich, daß ich so erschöpft war, daß ich unmöglich ein paar Tage später zur nächsten Vortragsreise starten konnte. Aber hätte ich beim Empfang auf dem Flugplatz sagen sollen, ich wollte nicht ins Krankenhaus gehen, nicht mit den Leitern sprechen und nicht für die schwierigen Fälle beten? Wäre ich ehrlich gewesen, so hätte ich gesagt: »Laßt mich in Ruhe! Vor meinem Vortrag möchte ich schlafen und beten können.« Aber darauf würden sie natürlich geantwortet haben: »Wir werden für Sie beten, daß Gott Ihnen neue Kraft gibt!« Wäre ich noch ehrlicher gewesen, so hätte ich gesagt, eine Abwechslung, zum Beispiel Tennis spielen, würde mir sicher guttun, anstatt im Krankenhaus zu beten. Oder ich hätte vielleicht sagen sollen, am liebsten würde ich allein oder mit ein paar guten Freunden essen, mit denen man lachen und sich freuen kann, daß man beisammen ist; nach tiefschürfenden Gesprächen sei mir wirklich nicht zumute. Aber das hätte mein Image zerstört! Die Leute meinen, ich müsse in der Lage sein, den ganzen Tag zu predigen und zu beten, und im Zweifelsfall lieber für einen Krebspatienten beten als Tennis spielen. Wenn man aber durch Gebet Kranke heilen kann, dann wird das ganze Leben ziemlich bald zu nichts anderem als einem einzigen Gebet für die Kranken. Darum kann man Gebet und Tennis nicht ohne weiteres vergleichen – und dann sagen, Gebet sei immer vorzuziehen. Man muß nämlich auch an den eigenen Körper denken. An einem gewissen Punkt angelangt, muß man einfach abschalten können und nicht nur ausruhen, sondern auch einmal etwas anderes tun. Sonst verzehrt man sich und kann auf lange Sicht für immer weniger Menschen beten. Das Leben ist ein Marathonlauf und kein Sprint. Wir sollten unsere Kraftreserven danach einteilen.

Vielleicht ist anderen das ganz klar, aber als Amerikaner fühle ich mich schuldig, wenn ich nichts tue. Aufgrund einer falschen Spiritualität fühle ich mich schuldig, wenn ich mir Zeit nehme, Spaß zu haben.

Bin *ich* schon in der Lage, mich einmal von Verpflichtungen freizumachen, so versuchen bestimmt *andere,* mich in das Rollenspiel zurückzudrängen und mich mit viel Liebe zu ermutigen, ihrem Ideal zu entsprechen. Gestehe ich einer Gruppe, daß ich müde bin, so steht sicher jemand auf und sagt: »Preis den Herrn in allen Lagen« und sieht mich so mitleidvoll an, als könne ein Christ überhaupt *nie* traurig oder müde sein. Gebetsgruppenleiter scheinen oft eher bereit, für mich zu beten und mich wieder an die Arbeit zu schicken, als mich ins Bett gehen zu lassen und ihre Leute nach Hause zu schicken. Aber es ist *falsche* Spiritualität, einem echten Entspannungsbedürfnis keinen Raum zu geben.[1]

SCHULD

Aus falscher Spiritualität erwachsen Schuldgefühle. Ich schäme mich, echten Bedürfnissen nachzugeben. Ich schäme mich, auf eine Anfrage nein zu sagen, besonders wenn es eine berechtigte Bitte um Gebet ist.

Vor einigen Jahren bei Exerzitien für mehrere hundert Leute war es mir unmöglich, mit jedem einzelnen zu beten, der Hilfe suchte. Wir beteten also möglichst viel für die ganze Gruppe. Samstag nachmittag sprach ich ein Gruppengebet um Innere Heilung. Ich sagte, nach der Abendmesse würden wir bis Mitternacht mit möglichst vielen Teilnehmern sprechen und beten. Vor dem Abendessen fragte eine Frau, ob sie gleich nach dem Essen kommen könne, sie sei seit Jahren depressiv. Ich sagte, ich müsse dann die Messe vorbereiten, sie würde aber die erste *nach* der Messe sein. Sie fragte, ob wir uns nicht am Sonntagmorgen vor dem Frühstück sehen könnten. Ich wiederholte ihr, sie solle es am Abend nach der Messe versuchen, wie die anderen auch. Sie sagte: »Was machen Sie morgen früh um sieben?« Ich sagte ihr die Wahrheit: »Ich schlafe noch.« Sie ging zum Angriff über: »Seit

---

[1] Die Bemerkung wird kaum verletzen, daß auf lange Sicht die Programme der meisten religiösen Veranstaltungen ungesund sind: Viel Sitzen und Zuhören und Beten mit sehr wenig Zeit für Sport und Erholung in den Pausen. Das ist sicher recht für *ein* Wochenende. Spricht man aber auf vielen Tagungen, so braucht man Abwechslung. Bei den Exerzitien, die ich leite, haben wir nach dem Mittagessen zwei Stunden Freizeit für Sport oder Ruhe. Meist wollen die Teilnehmer mehr Gebet und Gespräch und weniger Mittagsruhe. Aber wenn schon niemand anders, so braucht zumindest das Leitungsteam diese Zeit. Es gönnt sich ganz ungeniert Freizeit und Entspannung, um dadurch auch die anderen Teilnehmer zu einer ausgeglichenen Zeiteinteilung zu ermutigen.

zehn Jahren stehe ich jeden Morgen um sechs Uhr auf, um meinem Mann und den Kindern das Frühstück zu machen. Und Sie als Priester und Gottesmann sagen mir, Sie sind nicht bereit, ein einziges Mal um sieben aufzustehen, um mit einer Frau zu sprechen, die an Selbstmord denkt.« Ich fuhr zusammen und fühlte mich zutiefst schuldig. Dennoch sagte ich: »Stellen Sie sich heute Abend ganz vorne an, dann werde ich Sie sicher sehen.« Sie schaute traurig drein, ging und kam nicht wieder.

Vierzehn Tage später, es war kurz vor Weihnachten, bekam ich einen Brief ohne Absender: Ob ich mich noch an die Frau erinnere, die um Hilfe bat und abgewiesen wurde. Sie wolle sich zu Weihnachten das Leben nehmen und bedanke sich für die Exerzitien, die so tiefschürfend gewesen wären wie ein alter Gary-Cooper-Film. Ich hätte so freundlich gelächelt, als ich nein sagte.

Ich fühlte mich rundum schuldig. Mit Hilfe von Freunden brachte ich sie mit Menschen zusammen, die sich für längere Zeit ihrer annahmen. Ihre Geschichte steht dennoch wie ein Gleichnis für jedes andere Nein. Die Not des einzelnen ist gewöhnlich viel größer als mein Bedürfnis, mich auszuruhen und zu erholen. Aber es gibt so viele Menschen mit so viel Nöten! Irgendwann muß man einfach Schluß machen – um ein anderes Mal weiterzubeten.

MITLEID

Noch schwerer, als falscher Spiritualität und falschen Schuldgefühlen zu widerstehen, ist es mir, zu wissen, ich könnte Menschen durch Gebet helfen, und dennoch an ihnen vorüberzugehen. Je mehr wir helfen können, desto mehr werden kommen. Und wir wissen heute aus Erfahrung, daß wir vielen helfen können. Unsere Liebe wird größer, wenigstens sollte sie mit der Zeit wachsen. Unser Einfühlungsvermögen wächst mit zunehmendem Alter. Beschwerden, die wir früher nicht kannten, erfahren wir dann am eigenen Leib. So tut es weh, einem Menschen nein zu sagen, dem wir wirklich helfen könnten, wenn wir genug Zeit hätten. Sicher findet Gott auch für jene eine Lösung. Manchmal aber scheinen wir die einzig Erreichbaren zu sein. Dann vorbeigehen zu müssen, ist wirklich eine Zerreißprobe.[2]

---

[2] Vorigen Monat bei Exerzitien rief von weither eine Dame an, sie sei verzweifelt

Im Leben Jesu gibt es offenkundig dieselben Widersprüche, und ich bin dankbar, daß er Mensch war wie wir. »Denn wir haben nicht einen Hohenpriester, der nicht mitfühlen könnte mit unseren Schwachheiten, vielmehr einen, der in jeder Beziehung gleichermaßen versucht worden ist, die Sünde ausgenommen« (Hebr 4,15). Jesus ist derart von Mitleid bewegt, daß er sogar am Sabbat heilt, auch wenn er weiß, daß die Synagogenvorsteher sich gegen ihn wenden: »Und die Kraft des Herrn drängte ihn zum Heilen« (Lk 5,17b). Das klingt fast, als hätte er nicht anders gekonnt als zu helfen, wenn er einen Kranken leiden sah.

Andererseits aber versuchte Jesus auch, sich zu schützen, so gut er konnte. Oft nahm er den Kranken mit aus der Stadt heraus, heilte ihn dort und verbot ihm, darüber zu sprechen (vgl. Mk 1,44). Zu viele folgten ihm nach und baten um Heilung. Blieb seine Bitte, nicht darüber zu sprechen, unbeachtet, so entfernte er sich und betete in der Einsamkeit: »Aber die Kunde von ihm verbreitete sich noch mehr, und große Volksscharen kamen, um ihn zu hören und von ihren Krankheiten geheilt zu werden. Er aber zog sich in die Einsamkeit zurück und betete« (Lk 5,15–16).

Oft erhebt sich Jesus noch vor Tagesanbruch, um zu beten. Nicht einmal den Jüngern sagt er, wo er ist, so daß beim Volksauflauf mit Tagesanbruch die Jünger ihn erst suchen müssen (Mk 1,35–38). Jesus kommt auch nicht mit in die Stadt zurück. Er sagt ihnen, er gehe in die umliegenden Städte, um auch dort zu predigen. Das sind Tagebuchnotizen eines Verfolgten: »So konnte er nicht mehr öffentlich in eine Stadt gehen, sondern hielt sich draußen an einsamen Orten auf. Aber die Leute kamen von überall her zu ihm« (Mk 1,45).

Es gelingt ihm einfach nicht, der Menge zu entfliehen. Schließlich nimmt er die Jünger mit in die heidnischen Gegenden von Tyrus und Sidon. Nur noch Vereinzelte wagen ihn dort anzusprechen. »Und er ging in ein Haus und wollte nicht, daß es jemand erfahre. Doch es konnte nicht verborgen bleiben. Sofort vielmehr hörte eine Frau von ihm, deren Töchterchen einen unreinen Geist hatte, kam und warf sich ihm zu Füßen« (Mk 7,24–25).

und würde sich noch am selben Tag das Leben nehmen, wenn ich ihr nicht helfe. Ich rief Freunde in der gleichen Stadt an, die sich um sie kümmerten. Aber am nächsten Tag stürzte sie sich von einem Gebäude und war tot – wie sie angedroht hatte. Ich konnte mir nur sagen, das Mögliche getan zu haben.

Auch mit dem Boot sucht er zu entkommen: »Da sprach er zu seinen Jüngern, es solle wegen der Volksmenge ein Boot für ihn bereit gehalten werden, damit sie ihn nicht erdrückten« (Mk 3,9). Manchmal versucht er, mit dem Boot an einen einsamen Ort zu gelangen, um mit den Jüngern allein zu sein, aber auch das gelingt ihm nicht: »Die Volksscharen aber hörten davon und folgten ihm aus den Städten zu Fuß nach. Und als er aus dem Boot stieg und die vielen Leute sah, wurde er von Mitleid mit ihnen ergriffen und heilte ihre Kranken« (Mt 14,13–14).

Wir haben hier ein ergreifendes Bild von der Menschlichkeit Jesu. Er möchte der Menge entkommen, sieht er aber einen Kranken, so ist er von Mitleid derart bewegt, daß er auf das Alleinsein und das Gespräch mit den Jüngern verzichtet.

Wenn schon Jesus meinte, er müsse den Kranken entkommen, dann können wir das als Rechtfertigung verstehen. Hat man es wie Jesus schwer, nein zu sagen, so verbirgt man sich am besten von Zeit zu Zeit dort, wo niemand einen um Gebet bitten kann.

Wir müssen lernen, unsere menschlichen Grenzen anzunehmen. Wir sind nicht Gott. Ein Freund, der es schwer hatte mit der Zeit und der Zahl der Leute, die ihn telefonisch um Hilfe baten, hörte den Herrn sagen: »Ich bin bereit, innerhalb deiner Grenzen zu arbeiten – du auch?«

Dritter Teil

LEIDEN UND TOD

»Und es kam ein Aussätziger zu ihm und bat ihn kniefällig: ›Wenn du willst, kannst du mich rein machen.‹ Da streckte er, von Mitleid ergriffen, seine Hand aus, berührte ihn und sprach zu ihm: ›Ich will, sei rein.‹ Und sofort wich der Aussatz von ihm, und er wurde rein.« (Mk 1,40–42)

10. Kapitel

DER WILLE GOTTES

Wo immer ich über Leiden und Krankheit spreche, gibt es Spannungen: Spannung bei mir selbst, weil ich weiß, wie schwer es ist, zu diesem Thema ausgewogen und wahrhaftig zu sprechen – und Spannung bei den Zuhörern als eine Art Selbstverteidigung. In katholischen Gruppen steht meist jemand auf, der meint, er verteidige die Tradition, wenn er Krankheit als Segen hinstellt. Er meint, ich verkündige ein Christentum ohne Kreuz. Einige Pfingstler dagegen stellen meine Rechtgläubigkeit in Frage, wenn ich sage, daß gelegentlich Menschen *nicht* geheilt werden. Auch sie meinen, sie müßten Gottes Ehre verteidigen: Gott möchte, daß *jeder* geheilt wird.

Aus Privatgesprächen weiß ich, daß mehr als ein Pfingstprediger es aufgegeben hat, für die Kranken zu beten, weil er die verheerende Wirkung der klassischen Verkündigung »Gott möchte *jeden* heilen« auf die Gemeinde mit ansehen mußte und kein Wort herausbrachte, wenn er versuchte, alle jene Rollstuhlpatienten zu trösten, die bei einem Gottesdienst *nicht* geheilt wurden. Verschiedene Pfingstprediger haben mir auch erzählt, sie wagten wieder Heilungsgottesdienste zu halten, seitdem sie sich an die Lehre unseres Heilungsteams halten.

Krankheit und Leiden sind ein *Geheimnis,* das große Geheimnis des Bösen. Durch die Jahrhunderte haben sich die Kirchenväter, einschließlich Augustinus und Thomas von Aquin, um Erklärungen bemüht. Das Böse in der Welt mit dem Willen eines allwissenden und erbarmenden Gottes in Einklang zu bringen, das übersteigt die Möglichkeiten menschlichen Verstehens. Jede Predigt und Lehre, die eine einfache Antwort auf die Frage nach Gottes Willen in bezug auf Heilung und Krankheit bereithält, muß schon durch die Einfachheit der Lösung teilweise unrichtig sein.

Aber natürlich ist es leichter, vereinfachend zu predigen und damit die Zuhörer zu ergreifen. Paul Tournier[1] sagt:

»Die ursprünglichen Gemüter besitzen im allgemeinen einen starken Dynamismus, der sie zum Handeln befähigt. Alles gelingt ihnen, weil sie sich nicht im Wasserglas ertränken und ihre Einfalt ein schönes Selbstvertrauen begünstigt. So ist beispielsweise der einflußreiche Journalist (und wir können hinzufügen: Prediger) ein Geist, der danach strebt, die Dinge zu vereinfachen und deren Vielfältigkeit auf eine einfache, elementare Vorstellung zurückzuschrauben, die die Menschenmenge überrascht. Ein feiner, gepflegter und nuancierter Geist verliert sich dagegen in subtilen und gewissenhaften Überlegungen. Er sieht immer die Vielfältigkeit der Dinge vor sich und wird darum niemanden mitreißen. Das ist der Grund, weswegen die Welt von denen geleitet wird, die am wenigsten dazu geeignet sind, der Welt kulturelles und moralisches Niveau zu geben. Sehr selten nur trifft man die Geister, in denen sich beide Pole, beide Tendenzen vereinen, und ich glaube, daß ein lebendiger christlicher Glaube dieses Wunder noch am ehesten zustande bringen könnte. Denn er gibt das tiefe Eindringen in die Probleme und die Einfalt des Herzens.«

Genau das ist das Problem des Heilungsdienstes. Einige Pfingstkirchen, die oft genug antiintellektuellen Haltungen zum Opfer fielen, verkünden nicht immer ganz ausgewogen, dafür aber sehr wirkungsvoll, Gott wolle jeden ganz heilen. Die etablierten Kirchen dagegen sprechen – ihrer intellektuellen Tradition eingedenk – mit viel Vorsicht, aber wenig Kraft über Heilung.

Vielleicht hilft es, hier drei, wenn auch einfache Thesen zu Heilung und Krankheit zusammenzufassen:

1. Viele *moderne Theologen* halten die Scheidung zwischen »natürlich« und »unnatürlich« für künstlich. Gott wirkt durch das natürliche Geschehen; Gottes Heilung in der Welt geschieht durch Menschen und ihre Begabungen. Durch Fortschritte in Medizin und Psychologie werden natürliche Übel wie Bakterien, Viren und seelische Probleme wirksam bekämpft. Vom Teufel zu sprechen war richtig für die Primitiven, die die Ursachen ihrer Probleme nicht kannten, aber einen Rahmen brauchten, um sich unkontrollierbare Naturkräfte zu erklären.

---

[1] Paul Tournier, *Technik und Glaube,* Basel 1945, S. 42.

Erfahrung, Schrift und Tradition lassen mich jedoch glauben, daß das Böse größer ist als die menschliche Kraft, es zu überwinden. Die Heilkraft in Jesus Christus aber übersteigt alles, was *wir* einsetzen können, wenn wir Gott um Hilfe bitten – was nicht heißt, daß es dabei überhaupt keinen menschlichen Einsatz braucht.

Die Wahrheit aber, die in der erwähnten modernen Haltung betont wird, nämlich daß Gott in der natürlichen Ordnung wirkt, muß tatsächlich hervorgehoben werden. Manche konstruieren immer noch einen Gegensatz zwischen dem, was die Menschen tun, und dem, was Gott wirkt. Wir kennen ja die Extremisten, die Menschen ermutigen, ihre Medikamente wegzuwerfen, nachdem für sie um Heilung gebetet wurde. Wenige von denen, die ich persönlich kenne, würden eine solche Handlungsweise rechtfertigen, solange keine deutliche Offenbarung Gottes vorliegt. Aber ich stoße oft auf ausgesprochenen oder unausgesprochenen Widerstand, wenn ich zu einer charismatischen Gruppe über Psychologie und ihre Beziehung zur Spiritualität spreche: »Wer mit dem Heiligen Geist arbeitet, braucht nicht in der Seele herumzuwühlen«, ist ihre Haltung. Ich habe auch schon die Meinung angetroffen, es wäre eine Beleidigung für den Geist Gottes, *längere Zeit* mit jemandem zu sprechen, um herauszufinden, wofür man beten muß, denn das würde bedeuten, sich auf psychologische Kenntnisse zu stützen, die man der Führung durch den Geist und dem Wort der Erkenntnis vorziehe. Warum sich dieser Horror vor der Wissenschaft ausgerechnet an der Psychologie ausläßt, weiß ich nicht. Dieselben Leute haben nämlich die größte Achtung vor Astronauten, Raumfahrtwissenschaftlern und Ärzten. Es würde ihnen nicht im Traum einfallen, einen Arzt um eine »Diagnose im Heiligen Geist« zu bitten, ohne Blutbild, ohne Urin-Analyse und Durchleuchtung. Kommt aber Innere Heilung zur Sprache, so hat man offenbar panische Angst, die von den Psychologen entdeckten menschlichen Hilfsmittel ernst zu nehmen.

»Wir haben uns so daran gewöhnt, den Glauben der Technik gegenüberzustellen, daß wir uns kaum eine Versöhnung der beiden Standpunkte vorstellen können, geschweige denn eine Synthese der beiden. Die Gläubigen unterschätzen im Namen ihres Glaubens allzuleicht die Technik«, sagt Paul Tournier.[2]

---

[2] Tournier, a.a.O., S. 75.

Die erste Haltung sieht also Krankheit grundlegend als natürliches Problem an, das durch Menschen gelöst werden kann, die ihre Intelligenz und Energie einsetzen, um die Krankheit zu beheben. Sich auf Gebet zu stützen, um Gott eingreifen zu lassen, wird als der Schöpfung zuwider betrachtet, weil es dazu führt, daß Menschen vom Übernatürlichen abhängig werden, anstatt immer gründlicher zu erforschen, wie man Krankheit heilen kann. Daß es nach einem jahrhundertelangen Kampf endlich gelang, die Pocken zu besiegen, ist ein gutes Beispiel dafür, was menschliches Denken und Handeln innerhalb von Gottes Vorsehung erreichen kann.

2. Die *herkömmliche Haltung vieler Katholiken* besteht darin, Heilung durch Gebet finde zwar statt, aber sie sei eine mehr oder weniger außergewöhnliche Gnade.

Wenn jemand in Frage stellt, daß es heute noch Gebetsheilung in der katholischen Kirche gibt, so kann der traditionsbewußte Katholik immer auf Lourdes und seine ärztlich bestätigten Heilungen verweisen. Aber er wird kaum daran glauben, daß *sein* Gebet für die Kranken außergewöhnliche Wirkungen haben kann. Wir werden zwar ermutigt, für die Kranken zu beten, aber nicht dazu, ihnen die Hände aufzulegen und zu glauben, sie würden *gesund*. Im Gegenteil, Leiden wird als Möglichkeit zur erlösenden Vereinigung mit dem Leiden Christi angesehen. Wer betet, daß die Krankheit von ihm genommen wird, ist entweder feige oder liebäugelt mit einem bequemen Christentum. In den vierziger und fünfziger Jahren betete auch ich darum, Krankheit mutig ertragen zu können. Ich sah jede Form von Krankheit als erlösendes Leiden an: »Gleichwie die Leiden Christi reichlich über uns kommen, so wird uns durch Christus auch reicher Trost zuteil. Erdulden wir Bedrängnis, so gereicht es euch zum Trost und Heil, empfangen wir Tröstung, so gereicht es euch ebenfalls zum Trost, der sich auswirkt im mutigen Ertragen der gleichen Leiden, die auch wir auszuhalten haben« (2 Kor 1,5–6).

3. Predigen die *klassischen Pfingstler* über Heilung, so betonen sie ständig Gottes Heilsverheißung und geben zu verstehen, daß Gott *jeden* geheilt sehen möchte. Im Extrem wird behauptet, Gott möchte jeden *jetzt* geheilt sehen. Die einzige Voraussetzung für die Heilung von seiten des Kranken sei sein Glaube: »Glaubt ihr Gottes Verheißungen, so werdet ihr gerettet, denn durch seine Striemen seid ihr geheilt!« So ausschließlich, wie viele Katholiken

an die Vergebung der Sünde glauben, konzentrieren sich viele Pfingstler auf die Heilung von Krankheit. Gott aber möchte weder, daß Menschen krank bleiben, noch daß sie in der Sünde verharren.

DIE SCHWÄCHEN DIESER POSITIONEN

Ich habe Schwierigkeiten mit all diesen Haltungen. Die erste Einstellung der modernen Theologen wird der *Macht des Bösen*, der wir ausgesetzt sind, nicht gerecht. »Unser Kampf geht nicht gegen Fleisch und Blut, sondern gegen die Mächte, gegen die Gewalten, gegen die Weltbeherrscher dieser Finsternis, gegen die bösen Geister in den Himmelsheeren« (Eph 6,12). Ursprung aller Krankheit ist das anfängliche Übel, das auf dem Menschen lastet und das ihm nur durch jene Kraft genommen werden kann, die menschliches Denken und Handeln übersteigt. Immer wieder habe ich Kranke gesehen, denen die Schulmedizin nicht helfen konnte, die aber durch Gebet befreit und geheilt wurden. Das heißt nicht, daß Gott nicht auch durch unser menschliches Bemühen wirkt, sondern daß wir einen Retter und Heiland direkter und sichtbarer brauchen, als es die meisten Christen bisher erlebten.

Die zweite Haltung traditioneller Christen, Heilung durch Gebet wäre außergewöhnlich, mutiges Erleiden der Krankheit aber christlich, zeugt von wenig *Hoffnung*. Sie schließt einen Kompromiß auf einer falschen Voraussetzung. Sie verkennt Gottes Heilungswillen und bringt viele Menschen um jene Heilung, die sie empfangen würden, wenn man sie lehrte, daß *gewöhnlich* Heilung durch Gebet geschieht.

Die dritte Haltung der klassischen Pfingstkirchen kann letztlich der *Wirklichkeit* nicht standhalten, denn auch offenbar gläubige Menschen werden *nicht* geheilt. Viele nachdenkliche Evangelisten, die anfänglich meinten, Gott heile jeden und jetzt, haben das Problematische dieser Haltung erkannt und eine andere Lösung gesucht. Kathryn Kuhlman sagte einfach, sie verstehe nicht, warum einige Menschen (auch Atheisten) geheilt werden und andere, die ihre Heilung erwarten, nicht. Sie war ehrlich genug, all das als ein Geheimnis anzusehen.[3] Die Haltung der klassischen

---

[3] In *Die Kraft zu heilen* (S. 167ff) erwähne ich elf von mir entdeckte Gründe zur Rechtfertigung derer, die nicht geheilt wurden.

Pfingstkirchen führt zwar zu sehr vielen Heilungen bei ihren Gottesdiensten, aber für gewisse Menschen (gewöhnlich sind es die schweren Fälle) bringt sie auch Schuldgefühle und seelische Leiden mit sich, wenn sie nämlich nicht geheilt werden.[4]

VERSUCH EINER LÖSUNG

Jede Lösung weist gewisse Schwächen auf und wird immer unbefriedigend bleiben, weil das Böse und jener Aspekt des Bösen, den wir Krankheit nennen, ein Geheimnis ist. In *Die Kraft zu heilen* (S. 82ff) sprach ich schon kurz darüber. Ich gestehe ein, dort den Zugang vereinfacht zu haben, weil ich die meiner Ansicht nach zerstörerische Überbetonung von Leiden als Wille Gottes herausstellen wollte. Die folgenden Abschnitte möchten helfen, die Beziehung zwischen Krankheit, Heilung und dem Willen Gottes besser zu verstehen.

KRANKHEIT UND DER WILLE GOTTES

Mir ist entscheidend wichtig, daß Christen Krankheit als das erkennen, was sie ist: ein Übel und ein Fluch. Menschlich verstehen wir Krankheit ja auch so. Suchen wir sie aber als Segen zu betrachten, so tun wir unserer menschlichen Natur Gewalt an – eine Gewalt, die die Bibel durchaus nicht fordert. In der Schrift wird Krankheit als Fluch dargestellt. Entweder ist sie Auswirkung des Sündenfalls, oder sie ist gottgesandte Strafe:
»Wenn du aber der Stimme des Herrn, deines Gottes, durch gewissenhafte Beobachtung all seiner Gebote und Bestimmungen, die ich dir heute anbefehle, nicht gehorchst, *so kommen all die nachfolgenden Flüche über dich und treffen dich... Der Herr schlägt dich mit ägyptischen Geschwüren, mit Pest, Beulen, Krätze und Grind, von denen du keine Heilung finden kannst... Der Herr schlägt dich mit Wahnsinn, Blindheit und Geistesverwirrung, und am hellen Mittag tastest du umher, wie ein Blinder im Dunkeln tasten muß, und kannst deine Wege nicht zum guten Ende führen«* (Dtn 28,15. 27–29).

---

[4] Carmen Benson, *What about those who are not healed?*, Plainfield 1975, versucht dieses Problem aufgrund eigener schmerzvoller Erfahrungen zu lösen.

Das Unheil, einschließlich der Krankheit, gehört einfach zur gefallenen Schöpfung. Gottgesandter Segen ist es sicher nicht. Gottgesandt ist nicht die Krankheit, sondern der Heiland der Krankheit, Gottes Sohn. Der Name Jesus bedeutet: der Herr heilt, der Herr rettet, der Herr befreit. Das ist einer der Gründe, warum die Wiederbelebung des Heilungsdienstes nottut: Menschen müssen erleben können, daß schon in *diesem* Leben Gott zunächst und zuerst *Leben und Gesundheit* will und nicht Krankheit. Jesus bringt lebensspendende Kraft, um aus Krankheit neues Leben entstehen zu lassen.

Auf diese Weise sehen wir unsere tiefsten Eingebungen bestätigt. Die Antwort auf die Frage: »Wenn ich krank bin, warum tut Gott dann nichts?« ist nicht: »Gott sendet dir die Krankheit. Er läßt sie zu, daß du dein Kreuz annimmst«, sondern: »Gott sendet dir einen Heiler und Befreier, dich von allem Fluch zu befreien und zu heilen.« Das ist ein zentrales Thema des Neuen Testamentes: »Und er trieb die Geister durch sein Wort aus und heilte alle Kranken, damit das Wort des Propheten Jesaja erfüllt würde: Er hat unsere Leiden weggenommen und unsere Krankheiten getragen« (Mt 8,16–17).

Immer wieder setzt dabei das Neue Testament Geisteraustreibung und Krankenheilung gleich. Beide Dienste verkörpern das Eindringen göttlicher Freiheit in jene Bereiche, auf denen bis dahin der Fluch des Bösen lastete.

Hier aber muß man deutlich unterscheiden, was einige Evangelisten nicht tun. Letztlich befreit von Krankheit werden wir erst nach dem Tod. So wie »Krieg und Gerüchte von Krieg« fortdauern werden bis zum Ende der Zeiten, obwohl wir nach Frieden unter den Nationen trachten, so wird es auch immer Krankheit geben, selbst wenn wir uns noch so viel um Heilung bemühen.

Den Willen Gottes in Beziehung zu Krankheit verstehen wir noch besser, wenn wir zwischen Krankheit und Leiden unterscheiden.

KRANKHEIT UND LEIDEN

Schon in *Die Kraft zu heilen* sagte ich, daß das Verwischen des Unterschieds zwischen Krankheit und Leiden zu allen möglichen Schwierigkeiten geführt hat. Spreche ich nämlich über Gottes

Heilungswillen, so meinen die Leute, ich übersehe die Leidensankündigung und das Kreuz Christi. Zwei Dinge müssen hier klargestellt werden, um diese Verwirrung auszuräumen:

1. Die Leidensankündigung Jesu bezog sich auf die Verfolgung, die den Gerechten überkommen wird: Leiden, Haß, Torturen, die von *außen* kommen. Dazu gehören auch Prüfungen und Schwierigkeiten, die sich aus einem engagierten Leben ergeben. »Der Mensch aber hat keinen Platz, sein Haupt niederzulegen«: Müdigkeit, schlaflose Nächte, lange Reisen. Wo aber Jesus der Krankheit begegnet, die Leib, Seele und Geist des Menschen zerstört, betrachtet er sie als Feind, und er heilt sie. *Leiden gehört zur Berufung des Christen;* Krankheit aber – als eine bestimmte Art des Leidens, die durch *inneren* Zusammenbruch entsteht – ist nicht von Jesus gewollt. Dagegen hat Jesus *Heilung* verheißen.

2. Die Erwartung des Christen ist die Nachfolge Jesu. Kein Jünger ist größer als sein Meister. Jesus hat viel Verfolgung, Spott, Qual, Müdigkeit, Erschöpfung auf sich nehmen müssen: seine Mühen, seine Betrübnis und seine Ablehnung in Jerusalem, schließlich sogar den Tod am Kreuz. Aber er scheint nie krank gewesen zu sein. Die meisten Christen würden sicher meinen, Krankheit passe nicht zu Sein und Sendung Jesu.

Dr. Howard Ervin, Professor für Bibelwissenschaft, erklärt in seinen Vorlesungen und Predigten so treffend, daß körperliche Krankheit nicht das größte Übel ist. *Um des Himmelreiches willen* braucht Gott unsere Krankheit oft für seine Zwecke; Krankheit als das kleinere Übel kann durch ein höheres Gut bestimmt sein. Fast jeder kennt Menschen, die als Christen und Menschen wunderbar gewachsen sind, weil sie durch Krankheit erniedrigt wurden. Wie oft stellen wir fest, daß wir niemals zu Gott umgekehrt wären, ohne daß Krankheit uns gelehrt hätte, unser Leben neu zu überdenken. Der Herzinfarkt kann einem Menschen mit einem ungesunden Konkurrenzdenken dazu verhelfen, umzukehren von dem, was er seiner Familie und sich angetan hat.

Es gibt im übrigen eine lange christliche Tradition der Heiligen, die sich von Gott berufen meinten, ihre Krankheit als erlösendes Leiden anzunehmen dadurch, daß sie ihren leidenden Körper in der Vereinigung mit Jesu Kreuzestod opferten. Die Tradition der Heiligen, die zu dieser Art erlösenden Leidens berufen wurden, bestätigt aber nur die Tatsache, daß Gott *einige* Menschen in besonderer Weise beruft.[5] Auch hier bestätigt die Ausnahme die Regel.

Es ist also wichtig, daß die Christen ihre Haltung der Krankheit gegenüber ändern: *von der Ansicht, Krankheit wäre allgemein Gottes Wille, Teil des Kreuzes, das ertragen und als Segen Gottes angenommen werden muß, zu der Einsicht, Gott möchte im allgemeinen Krankheit heilen, entweder durch die Medizin oder das Gebet, weil sie ein Fluch unserer gefallenen Welt ist. Krankheit ist kein Segen, zumindest gewöhnlich nicht, sondern letztlich von den Mächten des Bösen verursacht. Ein Teil davon wird in diesem Leben geheilt durch das Erlösungswerk Christi am Kreuz, der Rest im kommenden Leben.*

EIN WANDEL UNSERES GOTTESBILDES

Dieser Wandel unserer Einstellung gegenüber Krankheit von der Überzeugung, sie sei einfach Wille Gottes, zur Einsicht, Gottes Wille sei vielmehr *Heilung und Gesundheit,* hat oft dramatische Konsequenzen für unser Gottesbild. Immer wieder habe ich Christen getroffen, die bewußt oder unbewußt vor Gott Angst haben, die nicht jene gesunde Gottesfurcht besitzen, die wir alle haben sollten, sondern eine tiefsitzende Angst, er könnte uns zu nahe kommen.

In seinem Buch *Über die Trauer*[6], das nach dem Krebstod seiner Frau entstand, sagt C. S. Lewis, wir sind versucht, Gott als Sadisten anzusehen, wenn wir meinen, *er* sei es, der die Krankheit will. Lewis sagt im wesentlichen: Ich liebe meine Frau, und ich würde alles tun, könnte ich ihr das Leiden in dieser niederträchtigen, perversen Art ersparen. Welches Ungeheuer ist Gott, sie lebendig von Krebs verschlingen zu lassen! – Immer wieder bin ich dieser Furcht, diesem verzerrten Gottesbild begegnet. Das Bild, das Jesus uns offenbart, ist aber das eines *liebenden* Vaters, der uns gibt, worum wir bitten: »Wenn ihr, die ihr böse seid, euren

---

[5] Der wohl bedeutendste Dominikaner meiner Ordensprovinz während der letzten zwanzig Jahre, Pater Pascal Kelly, war bettlägerig. Von seinem Krankenbett aus übte er ein ebenso großes oder vielleicht noch größeres Apostolat aus als jeder andere. Er war weit und breit bekannt für seine Liebe, Heiterkeit und Weisheit.

[6] Leipzig 1976.

Kindern gute Gaben zu geben wißt, wieviel mehr wird euer Vater im Himmel denen Gutes geben, die ihn bitten« (Mt 7,11).

Ist jemand geheilt worden, so freut er sich meistens nicht nur an der Heilung, sondern er erlebt ganz neu, daß Gott wirklich für uns sorgt. Vielleicht ist das einer der Gründe, warum Jesus *immer* Zeit fand, die Kranken zu heilen, wenn sie ihn darum baten.

Die Lehre, Gott sendet uns Krankheit und will, daß wir sie ertragen, schafft für viele ein Gottesbild, das sie letztlich ablehnen müssen. Welche Mutter oder welcher Vater würde der Tochter Krebs schicken, um ihren Stolz zu brechen? So aber, meinen wir, straft Gott sein Volk! Priester und Seelsorger, die die Kranken damit zu trösten suchen, daß sie ihnen helfen, ihre Krankheit als gottgesandtes Leiden anzunehmen, spenden damit zwar im Augenblick Trost – aber um welchen Preis! Unbewußt muß der Kranke fragen: »Welcher Mensch, welche Liebe möchte mir einen solchen Zustand *wünschen?* Was für ein Gott ist das?«

Es führt letztlich dazu, daß viele zwar an Gott glauben, aber seine Liebe zum einzelnen nicht erleben. Sie erfahren Gott als einen strafenden und fernen Gott und wagen es nicht, an eine direkte Beziehung zu glauben. Bringt wirklich *Gott* die Krankheit? Oder kommt Krankheit von jenen Kräften, die das *Böse* auf uns ausübt?

Krankheit gehört unvermeidlich zum menschlichen Leben im Zustand des Gefallenseins. Sie ist Teil des Fluches, der auf uns lastet.

Aber Gott hat uns nicht als Waisen zurückgelassen. Er hat uns seinen Sohn gesandt mit der Kraft, uns von Krankheit zu befreien. Vielleicht geschieht diese Befreiung gerade jetzt, während wir beten. Und wenn nicht jetzt, so doch eines Tages. Und wenn nicht in diesem Leben, so doch im kommenden.

In der Votivmesse für die Kranken hat der Priester beim Tagesgebet die Wahl zwischen zwei Texten.[7] Einer bittet um geduldiges Ertragen der Krankheit, der andere um Heilung:

Barmherziger Gott, dein Sohn hat unsere Schmerzen auf sich genommen und *uns den geheimnisvollen Wert des Leidens*	Barmherziger Gott, du bist das ewige Heil aller Gläubigen. Erhöre unser Gebet für unsere kranken Brüder und Schwe-

---

[7] *Die Feier der Messe* (1975), Meßbuch II, S. 1073.

gezeigt. Wir bitten dich für unseren kranken Bruder und für alle unsere Kranken. Laß sie erkennen, daß sie zu denen gehören, denen das Evangelium Trost verheißt, und daß sie *eins sind mit dem, der für die Welt gelitten hat, unserem Herrn Jesus Christus,* der in der Einheit des Heiligen Geistes mit dir lebt und herrscht in alle Ewigkeit. Amen.

stern. *Richte sie auf in deiner Barmherzigkeit und gib ihnen die Gesundheit wieder, damit sie dir in deiner Gemeinde danken.* Darum bitten wir durch Jesus Christus. Amen.

Der Unterschied ist erheblich. Man erwartet vom Priester, daß er sich entscheidet: Wird er dafür beten, daß der Kranke geheilt wird, oder dafür, daß der Kranke zwar nicht körperlich geheilt wird, aber die seelische und geistige Kraft bekommt, um inmitten seiner Krankheit auszuharren? Im Normalfall sollte um die *Heilung* des Kranken gebetet werden.

Wird jedoch aus irgendeinem Grunde der Kranke nicht geheilt, so wird der Priester sein Möglichstes tun. Diese Haltung ergibt sich aus dem Gabengebet und dem Schlußgebet.[8] Spricht das Gabengebet zunächst noch vom Annehmen des Leidens, dann aber schon von Genesung, so ist die Intention des Schlußgebetes eindeutig Heilung.

Gabengebet
Herr, unser Gott, du lenkst den Lauf unseres Lebens, in deiner Hand liegt Gesundheit und Krankheit für unseren Bruder N., der krank darniederliegt. Gib ihm die Kraft, *sein Leiden anzunehmen und in Geduld zu ertragen, und wandle unsere Sorge in Freude über seine Genesung.* Darum bitten wir dich durch Christus, unseren Herrn.

Schlußgebet
Gott, du allein bist unsere sichere Zuflucht in den Tagen der Krankheit. Wir flehen dich an um dein Erbarmen. *Erweise deine Macht an unseren kranken Brüdern, damit sie gesund und heil der Kirche wiedergegeben* werden und dir zusammen mit uns das Opfer des Lobes darbringen. Darum bitten wir dich durch Christus, unseren Herrn.

[8] A.a.O., S. 1074.

DER MITTLER GÖTTLICHER HEILUNG

Als Mittler göttlicher Heilung habe ich gelernt, zunächst von Gottes Heilungswillen zu sprechen. Diese Wahrheit muß verkündet, hochgehalten und verteidigt werden, vor allem aber muß sie durch das Gebet für die Kranken Wirklichkeit werden.

Gottes Heilungswillen als eine grundlegende Wahrheit zu verkünden heißt aber nicht, daß ich für *jeden* um Heilung beten muß. Ich darf auch nicht erwarten, daß *jeder*, für den ich bete, geheilt wird. Freunde, die vielleicht besser auf den Herrn hören können als ich, haben mir viel geholfen, das einzusehen. Von Mitleid bewegt habe ich gelegentlich für einen Kranken gebetet, der mich dringend um Hilfe bat. Plötzlich aber merkte ich, daß mein Freund nicht mitbetete. Der Kranke wurde nicht geheilt, und der Freund sagte: »Ich habe Jesus gefragt, ob ich beten soll. Er hat nein gesagt.« Vielleicht war es nicht die rechte Zeit. Vielleicht war es Zeit zum Sterben. Vielleicht wollte Jesus nicht *jetzt* heilen. Als Mittler göttlicher Heilung muß uns die absolute Abhängigkeit von Gottes Willen immer vor Augen stehen. Wir haben keinerlei Macht, die wir nach Gutdünken, in freier Entscheidung oder aus Mitgefühl ausüben können. Alles hängt von Gottes vollkommenem Verständnis der jeweiligen Situation ab.

Aber ein menschliches Element kommt auch hinzu. Ich kann nur soviel Leben und Heilung vermitteln, wie mir gegeben ist. Und ich muß anerkennen, daß es vier Heilungsebenen gibt:

1. Das Ideal ist, *vollkommen gesund* zu bleiben. Lebte ich in totaler Einheit mit Jesus, unserem immerwährenden Heil, so würde ich vielleicht niemals oder nur selten krank.

2. Werde ich doch krank, muß ich *Heilung erfahren*.

3. Leide ich an der Krankheit und werde ich körperlich nicht geheilt, so brauche ich von Gott *Mut, Geduld und Trost*.

4. Sterbe ich, so brauche ich Gottes Kraft, *Sterben und Tod anzunehmen* als letzte Heilung zu neuem Leben.

Im neuen Ritus der Krankensalbung sind alle vier Ebenen erwähnt. Heilung durch das Sakrament sollte zumindest auf einer der vier erwähnten Ebenen stattfinden:

»*Dieses Sakrament gewährt dem Kranken die Gnade des Heiligen Geistes, durch die der* ganze Mensch *Hilfe zum Heil erfährt: Er wird gestützt im Vertrauen auf Gott und* gestärkt gegenüber den Versuchungen des Bösen und der Angst vor dem Tod. *So wird er instandgesetzt, das Übel der Krankheit tapfer zu ertragen, ja sogar dagegen anzukämpfen und die Gesundheit wiederzuerlangen, wenn dies seinem geistlichen Heil dienlich ist. Außerdem bringt das Sakrament die Vergebung der Sünden, sofern dies nötig ist, und stellt die Vollendung der christlichen Buße dar.«*[9]

Jesus kam, »den Gefangenen Freiheit zu verkünden« (Lk 4,18). Diese Befreiung kann auf verschiedenen Ebenen stattfinden: Befreiung von Sünden, Befreiung von bösen Geistern, Befreiung von körperlicher und seelischer Krankheit – und weiter auch Befreiung von Unterdrückung und Armut. Wörtlich ist aber auch die Befreiung aus der Gefangenschaft gemeint.

In der Apostelgeschichte beschreibt Lukas, wie Petrus die Kranken heilt, die Toten auferweckt und er selbst aus dem Gefängnis befreit wird – und dann, wie auch Paulus die Kranken heilt, die Toten auferweckt und er selbst aus dem Gefängnis befreit wird.

Lukas will damit zeigen, daß die Urkirche durch Petrus und die Apostel dieselben Werke vollbrachte wie Jesus. Auch die Heidenkirche erhielt die Vollmacht, die Werke Jesu zu tun.

Dabei werden die Befreiungen aus der Gefangenschaft mit dem Heilungs- und Befreiungsdienst gleichgestellt. Sie zeigen, wie Gott Menschen von den Mächten des Bösen befreit. Zunächst sieht man *außergewöhnliche Kräfte* am Werk:

1. Die Apostel werden als Gruppe verhaftet und durch einen *Engel* befreit. Zum Erstaunen des Hohen Rates predigen sie wieder im Tempel (Apg 5,17–21).

2. Petrus wird allein verhaftet, aber er flieht aus dem Gefängnis, als ein *Engel* erscheint, ihm die Ketten abfallen, er unbemerkt durch die Wachen geht und die Tore sich von selbst öffnen (Apg 12,1–11).

3. Paulus und Silas werden durch ein *Erdbeben* befreit (Apg 16,25–40).

4. Paulus wird verhaftet und wahrscheinlich vier Jahre (58–62?) in Jerusalem und Caesarea gefangengehalten (Apg 21,27ff).

5. Der Tradition nach werden um das Jahr 67 Petrus und Paulus in Rom gefangengehalten, ohne zu entkommen. Petrus wird mit dem Kopf nach unten gekreuzigt, Paulus enthauptet.

---

[9] *Die Feier der Krankensakramente* (1975), Pastorale Einführung, S. 27.

Auch bei Heilung scheinen wir zuweilen einen wirklich schöpferischen Akt Gottes mitzuerleben. Gelegentlich erscheint dem Kranken ein Engel oder auch Jesus selbst. Ein andermal scheint es, als wirke Gott durch die Kräfte der Natur, um auf außergewöhnliche Weise zu heilen. Für den Skeptiker ist das freilich kein Beweis, daß es sich um mehr als Zufall handelt, um mehr als ein plötzliches Abklingen der Krankheit.

Wie die langen Jahre der Gefangenschaft des Paulus gibt es schließlich Krankheiten, die nur über einen langen Zeitraum hinweg durch natürliche Kräfte und ärztliche Betreuung geheilt werden.

Und schließlich kommt die Zeit, da wir als den letzten Befreier den Tod begrüßen.

11. Kapitel

LEIDEN

Heute morgen beim Beten hatte ich so starke Schmerzen, daß ich an nichts anderes mehr denken konnte. Natürlich betete ich um Erleichterung. Es fiel mir schwer, Gott zu preisen. Ich versuchte, mich darüber hinwegzusetzen und »den Herrn zu jeder Zeit zu loben«.

Durch Schmerz soll uns die Möglichkeit genommen werden, uns zu freuen und Gott zu preisen. Der 142. Psalm sagt das sehr realistisch: »Vernimm meine Klage, denn ich bin sehr elend. Errette mich von denen, die mich verfolgen, mächtiger sind sie als ich. Führe mich hinaus aus meinem Gefängnis, und deinem Namen sage ich Dank« (Ps 142,7–8). Es klingt, als wolle der Psalmist sagen: »Wie soll ich dir danken – in *dem* Zustand? Befreie mich, damit ich dir etwas zu danken habe!«

Schmerz und Leid dienen ihrer Natur nach einem guten Zweck. Unsere Aufmerksamkeit soll auf etwas gelenkt werden, das nicht in Ordnung ist, so daß wir etwas tun können, um es lozuwerden. Wenn ich krank bin, wird durch den Schmerz meine Aufmerksamkeit auf Körper oder Seele gelenkt – bis ich etwas tue, um die Krankheit loszuwerden. Leiden und Schmerz sind gut, weil sie meine Bemühungen darauf richten, die Krankheit zu überwinden, die etwas Böses ist und mir schadet.

Die Krankheit selbst erlösend zu nennen aber ist problematisch, besonders wenn wir seelisch darunter zu leiden haben. Manche Krankheit erweist sich letztlich als erlösend, aber nie auf ihrer eigenen Ebene. Krankheit ist immer vom Bösen auf der körperlichen Ebene – und oft auch auf der Ebene des Geistes.

Schwierig wird es freilich dann, wenn wir das, was den Schmerz verursacht, nicht ändern können. Vielleicht müssen wir es auf eine andere Ebene übertragen, wo uns vielleicht Aushalten gelehrt wird, damit wir uns Gott allein zuwenden müssen. Vielleicht vergeht mein Schmerz selbst dann nicht, wenn ich bete oder zum Arzt gehe. Dann muß ich auf andere Weise damit fertigwerden. Das kann mir helfen, menschlich zu wachsen, und meine Krankheit kann so erlösend wirken, daß es besser für mich war, diese Krankheit durchlitten zu haben, als gesund geblieben zu sein. Gott läßt dann dieses höhere Gut aus etwas entstehen, was in sich selbst böse ist. Denn auf der eigenen Ebene des Körpers oder der Seele ist Krankheit an sich vom Bösen.

»Seid geduldig in der Drangsal, beharrlich im Gebet« (Röm 12,12). Natürlich wäre es, sich von der Drangsal unterkriegen zu lassen. Die Kraft des Geistes aber befähigt uns, mit der Drangsal fertigzuwerden.

Leiden gehört zum Leben, es weist auf das Böse hin, das auch zum Leben gehört. Zum Teil rührt Leiden von der Krankheit her. Es hilft uns, etwas zu tun, damit es uns wieder gut geht. Von Natur aus nimmt es unsere ganze Aufmerksamkeit in Anspruch, bis wir etwas unternehmen, dem abzuhelfen. Es ist der Körper, der um Hilfe ruft, um Erbarmen.

Als eine der Auswirkungen der Erbsünde werden in dieser gefallenen Welt Krankheit und Leid bleiben bis zum neuen Leben: »Er wird abwischen jede Träne von ihren Augen, und es wird keinen Tod mehr geben, auch keine Trauer, keinen Klageschrei wird es mehr geben, denn das Frühere ist vorbei« (Offb 21,4).

Weil das Reich Gottes schon mitten unter uns ist, können wir schon jetzt viele durch Krankheit entstandene Leiden heilen, sowohl durch das Gebet als auch durch den Arzt.

Doch andere Krankheiten, die ich und andere zu erleiden haben, werden bleiben, entweder weil es uns an geistiger Kraft fehlt, wirksamer um Heilung zu beten, oder weil Krankheit als das kleinere Übel im Plan Gottes einen erlösenden Sinn haben kann, indem sie uns hilft, geistig zu wachsen oder uns mit dem Leiden Jesu für alle Menschen zu vereinen.

12. Kapitel

TOD

Wer von Heilung spricht, muß auch an den Tod denken und vielleicht auch davon sprechen. Denn der Tod ist die *endgültige Heilung.*

Für jeden kommt die Zeit, ganz mit dem Herrn vereint zu sein. Es ist unsinnig, so zu tun, als wolle Gott jeden heilen, als gäbe es keine Zeit zu sterben.[1] Viele haben Angst vor dem Tod. Wie Hamlet möchten sie die Übel, die ihnen bekannt sind, lieber ertragen, als in eine unbekannte Welt außerhalb ihrer Erfahrung einzutreten. Auch wenn sie etwas anderes sagen, tief innen fürchten sie doch das Gericht, taucht die Frage auf, was sie im Augenblick des Todes erwartet. Es war schmerzlich für mich zu lesen, daß die Forschungen von Elisabeth Kübler-Ross über Lebennach-dem-Tod-Erfahrungen von Patienten, die schon als klinisch tot galten, auf den Widerstand von zwei Gruppen stießen, nämlich von Kirchenleuten und Naturwissenschaftlern:

»Dr. Moody wird sich auf sehr viel Kritik gefaßt machen müssen, die hauptsächlich von zwei Seiten erhoben werden wird. Auf der einen Seite wird es Theologen geben, die scharf gegen jeden Front machen werden, der die Stirn hat, auf einem Gebiet wissenschaftliche Forschungen anzustellen, das für tabu erklärt ist. In einigen kirchlichen Kreisen hat man derartige Vorwürfe gegen solche Untersuchungen bereits laut geäußert. Ein Priester sprach polemisch davon, hier werde ›billiger Trost verhökert‹. Andere hatten einfach das Gefühl, die Frage, ob es ein Leben nach dem Tode gibt, solle eine reine Glaubensfrage bleiben und von niemandem erforscht werden. Die zweite Gruppe, die Dr. Moodys Buch

---

[1] In *Die Kraft zu heilen* sagte ich schon, ideal wäre es, sogar kurz vor dem Sterben noch von jeder Krankheit geheilt zu werden, so daß man ruhig und sanft sterben kann – so sanft, als wäre es nur ein Hinübergehen.

angreifen wird, bilden Naturwissenschaftler und Mediziner, die eine Studie wie diese als ›unwissenschaftlich‹ ansehen.«[2]

Warum gerade Kirchenleute es schwer haben sollen, derlei Forschungen zu diskutieren, ist nicht einzusehen – es sei denn, sie haben Angst vor dem Thema. Aber warum?

Tommy Tyson sagte einmal in einem Exerzitienvortrag, vielleicht wird eines Tages jemand Jesus so nahekommen, daß er wie Henoch ohne Tod in das neue Leben übergeht.

Für die meisten von uns ist der Tod die Pforte zur Ewigkeit. Wie sehr wir den Tod auch fürchten, im Glauben sollten wir ihn vorwegnehmen, wenn er naht. Ist jemand krank, so müssen wir zunächst um die Erkenntnis bitten, ob wir gegen den Tod beten sollen oder nicht. Manchmal können wir nicht wissen, wie wir beten sollen. In diesem Fall bete ich in Sprachen, daß durch mich hindurch der Geist zum Vater um das Rechte betet.

Als mein Vater 87 war, verfiel er physisch. Meine Mutter war sehr in Sorge, weil er immer erst gegen drei Uhr nachmittags aufwachte. Seit mehr als einem halben Jahr war er nicht aus dem Hause gegangen. Eines Nachmittags packten wir ihn in den Wagen und brachten ihn ins Merton House. Nach der Eucharistiefeier legte er sich spontan auf die Couch, so daß wir ihm alle die Hände auflegen konnten.

Nach der Krankensalbung fühlte er sich wie verwandelt. Er setzte sich auf und sagte: »Daran werde ich denken, bis ich hundertzehn bin.« Am nächsten Morgen stand er tatsächlich auf! Auch innerlich fühlte er sich gekräftigt.

Zwei Jahre später rief während eines Ärzte-Seminars meine Mutter an, man hätte den Vater plötzlich ins Krankenhaus bringen müssen. Am Krankenbett meines Vater spürte ich, daß ich nicht mehr um Heilung beten, sondern ihn durch die Salbung stärken und für das Leben nach dem Tod vorbereiten sollte. Zwei Tage später starb er.

Offenbar machen wir einen Fehler, wenn wir Freunde und Verwandte, deren Zeit gekommen ist, nicht sterben lassen. Unsere Gebete können sie sogar zurückhalten:

»In einigen Fällen haben Betroffene die Ansicht vorgebracht, sie

---

[2] Elisabeth Kübler-Ross, Vorwort zu R. A. Moody, *Leben nach dem Tod*, Reinbek 1977, S. 10f.

seien unabhängig von ihren eigenen Wünschen durch die Liebe und die Gebete anderer aus dem Tode zurückgeholt worden.

Während ihrer letzten Krankheit, die sich sehr lange hinzog, war ich bei meiner älteren Tante und half bei ihrer Pflege. Alle in der Familie beteten dafür, daß sie wieder gesund werden möge. Ihre Atmung setzte mehrmals aus, doch wurde sie immer wieder zurückgeholt. Eines Tages schließlich schlug sie die Augen auf und sagte zu mir: ›Joan, ich bin drüben gewesen, drüben im Jenseits. Es ist wunderschön dort. Ich will gern dort bleiben, aber solange Ihr darum bittet, daß ich hier weiter mit Euch lebe, kann ich es nicht. Eure Gebete halten mich hier fest. Bitte, betet nicht mehr!‹ Wir ließen alle davon ab, und kurz danach starb sie.«[3]

Auch Agnes Sanford berichtet, daß jemand durch Gebet vom Tode zurückgehalten wurde, nämlich ihr Mann Ted. Als ihr Mann krank war, hatte sie um Weisung gebetet. Der Herr hatte ihr gezeigt, daß ihr Mann noch drei Jahre zu leben hatte. Nach etwas mehr als drei Jahren hatte er einen heftigen Schlaganfall. Sie war auf seinen Tod vorbereitet worden.

»Dieses Mal betete ich nicht um Heilung. Denn ich wußte, wenn Teds Leben verlängert würde, so würde es nur Mühe und Traurigkeit sein. Ich betete nur für das, was das Beste war, und überließ Gott den Zeitpunkt, ihn zu sich zu nehmen. Alle anderen aber, die ihn liebten, kümmerten sich nicht darum und beteten entschieden um Heilung. In meinen Schriften empfehle ich darum immer wieder, um Weisung zu bitten, bevor man um Heilung betet. Aber die meisten mißachten meinen Rat. Mein Mann erholte sich zwar, war aber nie mehr der gleiche. Mit Hilfe und ständiger Stützung konnte er eine Zeitlang sich bewegen und sprechen wie früher, aber nie sehr lange, und er konnte auch nicht verstehen, warum das sein mußte.«[4]

Liest man diese Berichte, so fragt man sich: Wenn etwas nicht zum Besten bestellt ist, warum läßt Gott es dann zu? Ich verstehe das auch nicht. Es muß mit jener Freiheit, zu wollen und zu handeln, zu tun haben, die Gott uns anvertraut hat. Wie lange schon fragen wir uns, wie Gott unwürdige Päpste, Bischöfe und

---

[3] Moody, a.a.O., S. 88f. Diese Erfahrungen sind nicht identisch mit denen, die von Spiritisten *gesucht* werden.
[4] Agnes Sanford, *Sealed Orders*, Plainfield 1972, S. 259.

Priester über das Volk herrschen lassen konnte, was doch nicht ohne geistige Folgen blieb. Ganze Jahrhunderte der Kirchengeschichte wurden verdorben durch die Fehler jener, die das Gottesvolk zur geistigen Vereinigung mit Jesus führen sollten, statt dessen aber an der Spitze päpstlicher Armeen in den Krieg zogen.

Wie können wohlmeinende Leute Schaden anrichten durch Gebet? Sie mißbrauchen die ihnen gegebene geistige Kraft.[5] Wie Agnes Sanford zeigt, sind sie nicht ohne jede Schuld: Sie haben Gottes Weisung nicht gesucht, ob sie beten sollen oder nicht.

Das ist besonders wichtig beim Gebet für die uns Nahestehenden, deren Zeit gekommen sein mag. Unsere Liebe und unser Wunsch, sie noch bei uns zu behalten – verbunden mit der unbewußten Angst, was ihnen nach dem Tode zustößt – lassen uns Gott bitten, sie noch zu verschonen.

Echte Schonung würde aber bedeuten, ihnen weitere Zeit auf dieser Erde zu ersparen, damit sie mit dem Herrn sein können. Gerade habe ich einen besonders schönen Brief von Freunden gelesen. Eine junge Mutter litt an Krebs, ich hatte für sie gebetet an ihrem Krankenbett. Kurz darauf starb sie und ließ ihren Mann Al und eine junge Tochter Lisa zurück. Kurz nach dem Tod der Mutter geschah folgendes:

»*Während Al das Frühstück machte, bevor er mit Lisa am Sonntag in die Spätmesse ging, sagte Lisa: ›Laß das Seil los, laß das Seil los!‹ Al sagte: ›Worüber sprichst du, Lisa?‹ Sie antwortete: ›Wenn die Mama krank wird und ins Spital muß und stirbt, dann muß man das Seil loslassen.‹ – ›Wer hat dir das gesagt?‹ fragte Al. ›Hat Barb das gesagt?‹ (Barb ist ein enger Freund der Familie.) Sie antwortete: ›Nein, Jesus hat mir das gesagt. Hast du das Seil losgelassen, Papa?‹ Als Al ihr sagte, er versuche es, aber er hätte es noch nicht geschafft, sagte sie nur: ›Ist schon recht, Papa, ich helfe dir.‹*«

In Gottes Zeitplan gibt es aber auch Möglichkeiten der Fristverlängerung, um eine gegebene Aufgabe zu beenden. Ein bekannter Leiter der Charismatischen Erneuerung sagte mir, Jesus hätte ihm die Wahl gelassen, entweder zu einem bestimmten Zeitpunkt zu sterben oder ihm zur Beendigung einer Aufgabe eine dreijährige

---

[5] Auch in Sprachen beten und prophezeien kann man zur falschen Zeit – und dadurch beim Gebetstreffen Probleme schaffen. Anfänge echter Geistesgaben können dadurch mißbraucht werden.

Verlängerung zu gewähren. Ich kann für die Echtheit dieser Vision nicht einstehen. Aber sie scheint mir sinnvoll im Licht der fünfzehnjährigen Verlängerung, die Hiskija gewährt wurde, nachdem Jesaja ihm schon gesagt hatte, er sollte sein Haus bestellen, denn er würde sich von seiner Krankheit nicht mehr erholen. Das geschah, nachdem Hiskija sein Gesicht der Wand zugekehrt und um Aufschub gebetet hatte. Dann sprach der Herr zu ihm durch Jesaja: »Ich habe dein Gebet erhört und deine Tränen gesehen. Ich will dich heilen. In drei Tagen wirst du zum Tempel des Herrn hinaufsteigen. Siehe, ich will zu deiner Lebenszeit noch 15 Jahre hinzufügen« (Jes 38,5).

Dr. Moody berichtet, diese Art Aufschub sei auch einigen als klinisch tot Erklärten gewährt worden: »Von mehreren Frauen, die zur Zeit ihres Erlebnisses kleine Kinder hatten, wurde mir berichtet, daß sie zwar *persönlich* viel lieber dort geblieben wären, wo sie diese Erfahrung machten, sie spürten jedoch die Verpflichtung, zurückzukommen und ihre Kinder großzuziehen.«[6]

Wie in jedem Heilungsgebet sollten wir auch hier zunächst die Weisung des Geistes suchen. Ist die Sterbestunde gekommen? Soll es eine Verlängerung geben? Soll vollkommene Heilung eintreten? Solange wir nicht sicher sind, können wir nur beten und alles andere dem Herrn überlassen.

Eine gute Bekannte von mir betet *immer* um Heilung. Aber das schließt den Tod als endgültige Heilung nicht aus. Für den Gläubigen hat das ewige Leben bereits mit der Taufe begonnen. Der körperliche Tod ist darum ein Ereignis *innerhalb* des ewigen Lebens. Man kann also um Heilung beten, ohne notwendig *gegen* den Tod zu beten. Man kann dafür beten, daß der Mensch zur Ganzheit findet und für die Vereinigung mit Jesus vorbereitet wird – und dabei Gott überlassen, was das konkret bedeutet. Man kann immer dafür beten, daß dem Menschen Gottes Leben mehr und mehr zuteil wird. Und gerade das kann das *ewige* Leben sein.

---

[6] Moody, a.a.O., S. 86. Es ist bemerkenswert, daß alle, die schon »tot« waren, in ihrem neuen Zustand glücklich waren, ausgenommen jene, die versucht hatten, Selbstmord zu begehen. Die meisten wurden von einem Wesen voller Licht und Liebe erwartet (einem Engel?), das sie zu einer Schau ihres gesamten Lebens führte. In den meisten Fällen gab es eine Grenze, der sie sich näherten, die sie aber nicht überschritten und die sie für den Zugang zum kommenden Leben hielten.

Wandeln muß sich also vor allem unsere Einstellung zum Tod. Ich höre Predigten über Heilung, die wirklich die Auferstehung verkünden. Dieselben Prediger aber sprechen längst nicht so oft über den Tod mit dem triumphierenden Ruf des Paulus: »Verschlungen ward der Tod im Sieg. Wo ist, o Tod, dein Sieg? Wo ist, o Tod, dein Stachel?« (1 Kor 15,54-55)

In der Präfation der Totenmesse heißt es dazu:

»In ihm erstrahlt uns die Hoffnung, daß wir zur Seligkeit auferstehen. Bedrückt uns auch das Los des sicheren Todes, so tröstet uns doch die Verheißung der künftigen Unsterblichkeit. Denn deinen Gläubigen, o Herr, wird das Leben gewandelt, nicht genommen.«[7]

---

[7] Präfation I der Totenmesse, in: *Die Feier der Messe* (1975), Meßbuch II, S. 542f. Im lateinischen Original ist der letzte Satz noch knapper und poetischer: »Vita mutatur non tollitur.«

Vierter Teil

BESONDERE FRAGEN

»*Er rief die Zwölf zusammen und gab ihnen Kraft und Vollmacht über alle Dämonen und zur Heilung von Krankheiten. Und er sandte sie aus, das Reich Gottes zu verkünden und zu heilen.*« (Lk 9,1–2)

13. Kapitel

SÜNDIGEN WIDER SICH SELBST

In *Die Kraft zu heilen* (S. 167ff) gab ich elf Gründe an, warum Menschen durch Gebet nicht geheilt werden. Seither habe ich noch deutlicher erkannt, daß wir manchmal nicht geheilt werden, weil wir nicht aufhören, wider uns selbst zu sündigen und unsere körperliche, seelische und geistige Gesundheit zu ruinieren. Sündigen muß dabei nicht immer gleich moralische Schuld mit einschließen, sondern kann einfach bedeuten, daß wir uns oft schuldig machen, indem wir uns selbst schaden. Auch wenn wir uns nicht willentlich schaden, machen wir uns selbst krank.

Für diese Erkenntnis habe ich hartes Lehrgeld zahlen müssen: meine eigenen Fehler. Seit Jahren habe ich Schmerzen im Nacken und in der Schultergegend. Untersuchungen und Röntgenaufnahmen haben eine Verformung der Bandscheiben in der Halswirbelgegend ergeben. Eine Rückgratverkrümmung rührt vermutlich von einer Verletzung her: Beim Militär bekam ich einen Baseball auf den Kopf.

Viele haben dafür gebetet, auch gute Freunde mit einer großen Heilungsgabe. Aber es ist nie sehr viel geschehen. Das ist einigermaßen befremdlich. Denn meine stärkste Heilungsgabe richtet sich gerade auf orthopädische Leiden. Meinem Gebet für die Rückgrat- und Knochenleiden anderer kann ich wirklich vertrauen. Mit meinen eigenen Schwierigkeiten scheint das anders zu sein.

Nach vielen vergeblichen Versuchen scheint mir heute, Gott will mich damit zwei Dinge lehren: Erstens soll ich mich um eine bessere Haltung bemühen, und zweitens soll ich keine Angst haben und ihm noch mehr vertrauen.

Sicher hat meine etwas gebeugte Haltung zum Druck auf das obere Rückgrat beigetragen. Jahrelang hatte ich selbst keine Lust, gerade zu stehen, wenn auch Eltern und Freunde mich immer wieder auf meine schlechte Haltung aufmerksam machten.

Der erste Schritt zur Besserung erfolgte durch seelische und geistige Heilung. Mein Selbstgefühl besserte sich, so daß ich nun Lust hatte, mich besser zu halten, ohne mir dabei stolz vorzukommen. Die Heilung meines Rückenleidens erforderte zunächst also *geistige* Heilung. Meine körperliche Haltung war nur der Ausdruck meiner »Sünde« wider mich selbst, nämlich meiner eigenen armseligen und ängstlichen inneren Haltung.

Aus Angst zog ich die Schultern hoch, wenn ich öffentlich sprach. Diese Verkrampftheit verursachte körperliches Unbehagen und einen Muskelkrampf nach jedem Vortrag und nach jeder Predigt. Erst nach einer stufenweisen seelischen Heilung von der Angst läßt das Hochziehen der Schultern jetzt langsam nach. In der Lehre Jesu ist Angst auch dann eine Art von Sünde, wenn sie nicht gewollt oder gewünscht ist. »Wer aber von euch vermag mit seinen Sorgen seiner Lebenslänge eine einzige Elle hinzuzufügen?« (Mt 6,27) Offensichtlich hat Gott meine Schmerzen und das Nackenproblem zugelassen, um mich so auf die tieferliegenden Schwierigkeiten aufmerksam zu machen.

Durch die Heilung dieser tieferliegenden Probleme konnten sich auch die körperlichen Beschwerden bessern, und zwar gleichzeitig mit Hilfe eines Chiropraktikers und des eigenen Willens, die im Laufe der Jahre entstandenen Gewohnheiten abzulegen und mich aufrecht zu halten.

Manchmal, ja eigentlich ziemlich oft, werden Geschwüre durch Gebet geheilt. Aber wird diese Heilung andauern, wenn die zugrundeliegende Angst nicht mitbehandelt wird? Immer wieder weisen Untersuchungen darauf hin, daß körperliche Erkrankungen psychogenen, um nicht zu sagen psychosomatischen Ursprungs sind. Psychogen heißt, daß aus seelischen Ursachen eine echte körperliche Erkrankung hervorgeht. Sie hätte nie entstehen können, wenn nicht auf einer tieferen Persönlichkeitsebene etwas zusammengebrochen wäre, was Bakterien oder Viren den Sieg über das Immunitätssystem des Körpers erst ermöglicht hat.

Untersuchungen zeigen, daß Herzinfarkte durch das »Typ-A-Verhalten«[1] entstehen: dadurch, daß ein Mensch sich andauernd zwingt, etwas zu leisten. Der Typ-A-Mensch arbeitet gewöhnlich mit der Uhr in der Hand, um soviel wie möglich in seinen

---

[1] H. Friedman – R. Rosenman, *Der A-Typ und der B-Typ*, Reinbek 1975.

Arbeitstag hineinzupressen. In unserer konkurrenzbesessenen Gesellschaft wird er vermutlich sehr erfolgreich sein. Aber der geschäftliche oder gesellschaftliche Erfolg programmiert ihn gleichzeitig auf einen Herzinfarkt mit fünfzig vor.

Bittet jemand mit einem Herzfehler um Gebet, so kann zwar Heilung geschehen, aber Angina pectoris kann ebensogut ein Frühwarnsystem sein, mit dem der Körper darauf aufmerksam macht, daß der Mensch unter zuviel Streß steht und sich innerlich umstellen müßte. Vielleicht braucht er nicht nur mehr Ruhe, sondern auch seelische Heilung. Dann kann er sich selbst annehmen und schätzen lernen, nicht nur wegen seiner Leistung, sondern einfach, weil er da ist und von Gott und den Freunden geliebt wird. Es gehört zum Typ-A-Menschen, daß er es schwer hat, die Liebe anderer anzunehmen. Das aber kann genau die Heilung sein, die er wirklich braucht. Er leidet an Herzschwäche, aber was er braucht, ist nicht nur körperliche Heilung des Herzens. Soll das Herz immer nur geben, darf es niemals echten Trost empfangen, so hat es sich bald verausgabt.

H. Friedman und R. Rosenman sagen unverhohlen, daß Herzinfarkte durch jene Krankheit des Geistes entstehen, die den Amerikaner dazu treibt, Leistung überzubewerten:

»Niemand hat wirklich Freude daran, daß alle seine Geschäfte andauernd im Fluß sind. Zweifellos träumt jeder von dem Tag, an dem alle seine Unternehmungen von Erfolg gekrönt sind. Realistisch wartet jeder von uns auf die Zeit, wo das Auto bezahlt ist und die Hypothek abgetragen. Wir können nicht umhin, fast ungeduldig darauf zu warten, daß unsere Kinder, die jetzt noch in die Oberschule gehen, sich an der Universität immatrikulieren. Als menschliche Wesen haben wir bei der Geburt nicht nur den Fluch der Erbsünde empfangen, sondern auch das unerklärliche Verlangen, alles, was wir beginnen, so schnell wie möglich zu beenden. Wenn Sie der Typ-A-Mensch sind, so haben Sie leider mehr als nur den Wunsch, jedes angefangene Projekt auch zu beenden. Sie sind davon besessen, alles, worin Sie sich verwickelt haben, in kürzester Zeit zu Ende zu bringen. Sie sind bereit, dafür größte Mühen auf sich zu nehmen. Ist Ihr Besitzstreben mit Ihrer ›Herzkrankheit‹ verbunden, so führt das unentwegt zu einem Zustand der Selbstquälerei, indem Sie ständig mit Dutzenden von Vorgängen oder noch mehr konfrontiert sind, die sich in verschiedenen Stadien der

Vollendung befinden. Und absolute Vollendung ist der einzige Zustand, der Sie möglicherweise befriedigen kann. Gewöhnlich bestehen Sie darauf, eine Situation herbeizuführen, in der Sie sich ruhig hinsetzen und sich selbst sagen können: ›Na also, jetzt haben wir ja alles geschafft.‹

Aber weil das Leben selbst eine Serie von unvollendeten Ereignissen ist, ist Ihr Traum, etwas zu vollenden oder einen Zustand zu erreichen, wo alles zu Ihrer Zufriedenheit vollendet ist, vollkommen unrealisierbar. Besonders unrealisierbar ist er in Ihrem Fall, denn als Typ-A-Mensch verwickeln Sie sich gewöhnlich in viel mehr Projekte, als je ein Mensch vollenden kann.

Sie mögen das als eine sehr traurige, fast unerträgliche Ergebung ansehen, aber ein Teil des Prozesses, sich selbst von der Versklavung des Typ-A-Verhaltens zu befreien, ist es, die Tatsache zu erkennen und anzunehmen, daß Ihr Leben durch unvollkommene Vorgänge, Aufgaben und Geschehnisse strukturiert und erhalten werden muß. Sie müssen Ihr Leben annehmen lernen als eine Mischung von Aktivitäten, innerhalb derer Sie nur einige von vielen Vorgängen zu Ende bringen. Und Sie sollten sich nicht daran stoßen, daß vielleicht die Mehrheit all Ihrer Aktivitäten zu einem bestimmten Zeitpunkt im Fluß ist. Sie müssen lernen, auf diese Unvollendetheit stolz zu sein. Es ist Ihre Versicherung, daß Sie wirklich leben. Wiederholen Sie sich immer wieder den folgenden Ausspruch, bis Sie schließlich seine Wahrheit einsehen: Leben ist Unvollkommenheit.

Versuchen Sie sich daran zu erinnern, wenn es Sie stört, daß etwas nicht so schnell vollendet ist, wie es vollendet sein sollte, daß es ein Hinweis darauf sein kann, daß Sie versuchen, mit dem Tod selbst um die Wette zu laufen. Denn wie ein weiser Mann einmal gesagt hat: vollkommen fertig ist man erst als Leiche.«[2]

Viele körperliche Krankheiten, die durch Gebet nicht geheilt werden, sind einfach ein Schrei nach tieferer Wandlung und Heilung unserer Persönlichkeit.

Wenn ich eine Erkältung bekomme (selten, etwa einmal im Jahr), so habe ich mich gewöhnlich übernommen, mich gegen meinen Körper versündigt, nur noch meinen Willen ihm gegenüber durchgesetzt. Die Erkältung ist die einzige Möglichkeit, die

---

[2] Friedman – Rosenman, a.a.O., S. 231–233.

der Körper hat, meine Aufmerksamkeit zu erregen und sein Recht zu fordern. Durch mein Krankwerden kommt er zur Ruhe. Er wehrt so lange die Bakterien nicht vollständig ab, die die ganze Zeit da waren, bis ich mich hinlege und ihm die nötige Ruhe gönne. Auf eine Weise ist die Erkältung also gut. Sie zwingt mich, auszuruhen und wieder ausgeglichen zu werden. Durch eine zunehmend geistige Haltung und dadurch, daß ich mich weniger vom Willen und von äußeren Umständen leiten lasse, bekomme ich viel seltener Erkältungen. In gewissem Sinn sind meine Erkältungen und Krankheiten befreiend; aber in einem tieferen Sinn zeigen sie an, daß ich wirklich wider mich gesündigt habe.

KRANKHEIT ALS RESULTAT DES BÖSEN IN DER GESELLSCHAFT

Es gibt auch Krankheiten, die von kranken Beziehungen herrühren, sowohl in der Familie als auch in der größeren Gemeinschaft. Wie Leben in einer gesunden christlichen Gemeinschaft zur Quelle ständiger Gesundheit werden kann, so kann Leben in kranken Beziehungen zur Quelle von Krankheit werden. Dr. Tom Dooley erzählte mir einmal, daß er während seiner ganzen Arbeit in Laos keinen einzigen Neurotiker getroffen habe. Er sah zwar Psychotiker, aber die herkömmliche laotische Kultur basiert auf so natürlichen Lebensrhythmen, daß sie jene Art Neurose, die durch unseren Alltag entsteht, einfach nicht hervorbringt.

Viele schmerzliche Familiensituationen sind erfüllt von Gewalt, Ressentiments, Verdrängung und allen möglichen verletzenden Ausdrucksformen. Kein Wunder, daß Seele und Körper chronisch krank werden. Wie können wir für den einzelnen um seelische oder körperliche Heilung bitten, wenn er danach in jene zerstörerische Umwelt zurückkehrt, die zu seiner Krankheit geführt hat? Die ungesunde Situation wird die Krankheit immer wieder hervorbringen, selbst wenn sie für den Augenblick durch Gebet geheilt ist. Die Wurzel des Übels erfordert eine viel weitergehende Antwort und eine viel umfassendere Heilung. Eine geistige Antwort auf das Problem des Hungers in der Welt besteht nicht nur in Gebet, sondern darin, daß Christen von Neid, Geiz und Eifersucht befreit werden und bereit sind, die Güter zu teilen, die Gott ihnen gegeben hat. In der Schrift richtet sich der Zorn Gottes besonders gegen jene, die die Armen um ihre Lebensmöglichkeiten bringen, anstatt zu teilen, was sie haben. »Verkaufe alles, was du hast, und gib das Geld den Armen, und du wirst einen Schatz im Himmel haben, und komm und folge mir nach« (Mk 10,21b). Vieles vom Bösen in dieser Welt, wie die Hungerkatastrophe in Bangla-Desh, wird nicht von Gott direkt hinweggenommen, weil er möchte, daß die Menschen, besonders die Christen, damit fertigwerden, indem sie nach den Grundsätzen christlicher Liebe und Gerechtigkeit leben. Vielleicht würde der eine oder andere in Bangla-Desh auf sein Gebet hin von Raben ernährt werden. Aber als Ganzes wird die Situation, die nach Hilfe schreit, nur dann nach Gottes Plan gelöst, wenn die Christen als Nationen, als Kirchen und als Einzelne dazu gebracht werden, zu teilen, was Gott ihnen gegeben hat. Die heilende Wirkung des Gebetes wäre hier, das Herz jener Christen und jener Länder zu wandeln, die über materielle Reichtümer verfügen. »Verkauft, was ihr habt, und gebt es als Almosen. Macht euch Beutel, die nicht veralten, einen Schatz in den Himmeln, der nicht versiegt, wo kein Dieb herankommt und den keine Motte zerstört. Denn wo euer Schatz ist, da wird auch euer Herz sein« (Lk 12,33–34).

Kurz, es gibt Krankheiten und andere menschliche Leiden, die von einer größeren gemeinschaftlichen Sünde des Menschengeschlechtes herrühren oder von den Sünden kleinerer Gemeinschaften wie Familien oder Ordenshäusern. Diese Sünden der Herzenshärte und Feindseligkeit beeinflussen sogar wohlmeinende und heiligmäßige Menschen und belasten die Unschuldigen mit seelischer und körperlicher Krankheit, mit Armut und Hunger. Die Antwort liegt in der *Umkehr*. Wie der Einzelne vergeben und sich bekehren muß, wenn seine Krankheit von Sünde herrührt, so müssen ganze Gesellschaften und Gemeinschaften sich bekehren, wenn Einzelne, die von der Krankheit der Gesellschaft befallen sind, geheilt werden sollen.

Die Neurotiker der Vereinigten Staaten würden am ehesten geheilt, wenn die familiären Beziehungen gesünder wären und sich die Wertmaßstäbe unserer Kultur änderten. Für wie viele Einzelne wir auch beten, es wird immer Neurotiker geben, solange wir alle nicht in diesem umfassenden Sinn umkehren. Das allbeherrschende Konkurrenzdenken unserer Gesellschaft muß sich ändern, oder die Vierzigjährigen in unserer westlichen Kultur werden weiter durch Herzinfarkt sterben. Wir Christen scheinen nämlich dem Herzinfarkt genauso ausgeliefert wie andere Menschen, weil auch wir die unchristliche Konkurrenzhaltung unserer Gesellschaft in uns aufgesogen haben und viele Christen sie gar nicht mehr als jene zerstörerische Kraft erkennen, die sie ist.

Ein bewegendes Beispiel der Beziehung zwischen Krankheit und der größeren Sünde mangelnder Liebe wurde mir von einer Krankenschwester berichtet, die oft um seelische Heilung betet. Eines Tages arbeitete sie auf einer Säuglingsstation. Sie bemerkte einen Jungen, der so klein war, als gehöre er auf die Entbindungsstation, vermutlich eine Frühgeburt. Man sagte ihr, die Mutter wäre drogenabhängig. Eines Nachts sei sie ausgegangen in die Stadt und einfach nicht mehr heimgekommen. Nach Tagen vergeblichen Wartens wurde der Babysitter müde und brachte das unterernährte Kind in das Stadtkrankenhaus, wo es spuckte und jede Nahrungsaufnahme verweigerte. Die Schwester nahm das Baby auf und hielt es eine Zeitlang im Arm. Dann bat sie Jesus, das Kind von der Verlassenheit und Ablehnung und aller Verletzung zu befreien, die es von seiner Mutter erfahren hatte. Da nahm das Kind friedlich die Flasche und schlief in den Armen der Schwester ein.

Aber als sie es wieder ins Bett legte, hatte sie die furchtbare Vorstellung, es dem Nichts zu übergeben. Niemand war da, es aufzunehmen, zu lieben, ihm ein Heim zu geben. Wie oft man für dieses Kind auch um Heilung betet, ihm wird weiter wehgetan werden, solange keine liebende Mutter da ist, kein liebevolles Heim, keine liebevolle Gemeinschaft, um es aufzunehmen und anzunehmen.

14. Kapitel

GROSSE HEILUNGSGOTTESDIENSTE

Vor einem großen Heilungsgottesdienst fühle ich mich fast immer unbehaglich. Aus den verschiedensten Gründen scheint es jedoch wichtig, daß wir große Heilungsgottesdienste haben. Von diesen Treffen geht eine außergewöhnliche Heilkraft aus, besonders wenn sie im Gebet und im Lobpreis einige Zeit vorbereitet werden. Für mich gehören die großen Heilungsgottesdienste zu den größten geistigen Ereignissen, die ich miterlebt habe. Auch wenn mir vorher nicht wohl ist, werde ich während des Geschehens gewöhnlich weit mehr gestärkt als beim Gebet für ein oder zwei Menschen.

Es gibt auch einen sehr praktischen Grund, große Heilungsgottesdienste zu halten: Zu viele Menschen brauchen Heilung, als daß man versuchen könnte, jedem einzeln zu helfen. Während ich das schreibe, haben hier 28 Menschen angerufen, die um körperliche Heilung baten. Wie kann ich dieser Not auch nur einigermaßen begegnen, wenn ich sie einzeln kommen lasse? Das geht einfach nicht. Es muß also Möglichkeiten geben, mit vielen gleichzeitig zu beten.

Weiter hat ein großer Heilungsgottesdienst öffentlichen Zeugniswert. In einer Zeit, da der Glaube an Gebet um Heilung weitgehend ausgestorben ist, scheint es wesentlich, daß weithin sichtbare Heilungsmissionen stattfinden, so groß aufgezogen, daß ihre Bedeutung von den kirchlichen Autoritäten nicht länger übersehen werden kann, und doch so umsichtig gestaltet, daß man nicht sagen kann, sie wären von unwissenden Sektierern oder geschäftstüchtigen Scharlatanen inszeniert.

Wie Lourdes zu einem weithin bekannten Wallfahrtsort geworden ist, wo Heilungen unerbittlich auf ihre Echtheit untersucht werden, so sollte es zur Wiederbelebung des Heilungsdienstes in den Kirchen in jeder Stadt gut geleitete Heilungsmissionen geben.

Von Kritikern wird meist gefragt, ob wir uns psychologisch nicht auf gefährlichem Boden bewegen. Man fürchtet, daß wir mit einer geballten Ladung Suggestion arbeiten, die häufig zu angemaßten oder vorgetäuschten Heilungen führt, von denen am nächsten Morgen nichts geblieben ist. Und was geschieht mit all jenen, die mit hochgesteckten Erwartungen kommen und in demselben traurigen Zustand wieder gehen müssen, in dem sie kamen?

Sicher sind das echte Probleme. Aber sie sind nicht so groß, wie die Kritiker meinen. Ich habe an vielen großen Heilungsgottesdiensten teilgenommen. Im Januar 1976 kamen 30 000 Menschen zu einem Heilungsgottesdienst in einem Baseballstadion in Barquisimeto in Venezuela zusammen. Ich kenne also die Schwierigkeiten aus nächster Nähe. Die meisten könnten vermieden werden, wenn unsere Predigt zum erwartenden Glauben führt und wir nicht unecht oder extravagant über den Glauben, geheilt zu werden, sprechen.[1] Wer keine direkte Beziehung zum Heilungsdienst hat, wird kaum glauben, daß alle Heilungszeugnisse wirklich wahr sind, und deswegen zur Meinung neigen, wir wollten die Leute verführen, wenn auch mit guten Absichten. Im Heilungsgottesdienst brauchen wir die begeisternde Predigt, die den erwartenden Glauben aufbaut. Das heißt aber gerade nicht, die Gefühle mehr anzusprechen als den Glauben (Emotionen wird es dabei immer geben). Die Predigt muß eine gewisse Weite, Einfachheit und Kraft haben, um die große Menge zu erreichen.[2] Im Neuen Testament begegnet uns häufig eine große Menge, die sich um Jesus drängt, sich freut und Gott preist. Die Worte Jesu ermutigen das Volk, Gott um Hilfe zu bitten. Sie sind nicht mit endlosen Vorsichtsmaßregeln durchsetzt.

Es sind einfache, aufrüttelnde und direkte Äußerungen. Die Jünger sollen bitten, damit ihnen gegeben wird. Sie sollen nicht zweifeln, sondern erwarten, daß sie empfangen, worum sie bitten.

»Wahrlich, ich sage euch, wer zu dem Berge da spricht: Hebe dich

---

[1] Siehe dazu *Die Kraft zu heilen*, Kapitel 8 (»Der Glaube, geheilt zu werden«) und Kapitel 18 (»Gründe, warum Menschen nicht geheilt werden«).
[2] Ich habe an einigen großen Charismatischen Treffen teilgenommen, wo man Priester bat, zur Menge zu sprechen. In der Freude über die ungewöhnlich große Anzahl von Hörern wollten die Priester Vernunftgründe und eine ausgeglichene Theologie einfließen lassen. Für das Volk aber, das gekommen war, um zu feiern, wurde durch die theologischen Erwägungen die Sache langweilig.

weg und wirf dich ins Meer, und in seinem Herzen nicht zweifelt, sondern glaubt, daß das, was er ausspricht, geschieht, dem wird es zuteil werden. Darum sage ich euch, alles, um was ihr bittet – glaubt, daß ihr es empfangen habt, und es wird euch zuteil werden« (Mk 11,23–24).

Ich weiß wohl, Menschen nehmen das Mikrophon und sagen, sie wären geheilt. Sie sind einfach erregt und meinen tatsächlich, sie wären geheilt. Am nächsten Tag stellt sich dann heraus, daß sie es nicht sind. Zuweilen habe ich Symptome falsch gedeutet oder falsch verstanden, was mir gesagt wurde (in Nigeria brachte mich das hinterher in Verlegenheit). Ich denke, wenn wir unser Bestes tun, absolut wahrhaftig zu sein und nicht zu übertreiben, so werden einfache Leute kaum Schwierigkeiten haben, uns gelegentliche Fehler zuzugestehen. Wer ständig zur Gebetsgruppe geht, ist schließlich daran gewöhnt, daß ab und zu jemand das Mikrophon nimmt und ein übertriebenes Zeugnis gibt. Das braucht nicht gleich den Glauben zu erschüttern. Die meisten Leute haben nämlich eine gute Portion gesunden Menschenverstand. Die unkomplizierte Art, in der einfache Leute von »Wundern« sprechen, bringt sie nicht aus der Ruhe. Sie wissen, daß solche Aussagen anders zu verstehen sind als die wohlabgewogenen Verlautbarungen des Arztbüros in Lourdes.

So wichtig es einerseits ist, ärztliche Zeugnisse vorlegen zu können und jene Menschen vorher auszuwählen, die bei Treffen Zeugnis über ihre Heilung ablegen, so wird es andererseits immer ein Risiko bleiben, wenn man Leute bei jenem Treffen Zeugnis ablegen läßt, bei dem sie die Heilung erfahren haben. Das Spontane aber an der guten Nachricht ist etwas so Wunderbares, daß durch die Unterdrückung dieses Lobpreises bis zur ärztlichen Bestätigung viel verlorengeht.

Die einzigen, die Einwände gegen diese Zeugnisse vorzubringen haben, sind übrigens meiner Erfahrung nach diejenigen, die sie am besten beurteilen können und sich nicht täuschen lassen, nämlich die Mediziner und die Theologen. Die rührselige Ausdrucksart der Leute und die Leichtfertigkeit, von Wundern zu sprechen, gehen ihnen gegen die Berufsehre. Sie meinen, sie wären allein kompetent, festzustellen, ob ein Wunder stattgefunden hat oder nicht – und sie haben recht. Sie sollten nur berücksichtigen, daß sich die Diskussion auf zwei ganz verschiedenen Ebenen bewegt, nämlich der fachlichen und der laienhaften. Einfache Leute können sich nicht fachlich korrekt ausdrücken, die meisten behaupten das auch gar nicht. Solange die Ebenen nicht verwechselt werden, entsteht kein Schaden.

Dennoch fürchten die Fachleute zuweilen, all das leichtfertige Geschwätz über Wunder könne die einfachen Leute verwirren. In Cali, Kolumbien, sprachen wir mit Priestern darüber. Sie hatten Bedenken, die ungebildete Menge mit Heilungsgebet vertraut zu machen. Sie fürchteten, man könne sie mit spiritistischer Heilung verwechseln, in die viele verwickelt sind. Einer der Priester unseres Teams, Pater Ralph Rogawski O.P., wandte sich dem Sprecher zu und sagte: »Sie wissen gar nicht, worüber Sie reden. Wir beten mit den armen Leuten in den Elendsvierteln, und sie haben keinerlei Schwierigkeiten damit. Probleme damit haben die Theologen. *Sie* sagen, die Leute haben Probleme damit, von den Leuten haben wir das niemals gehört. Es ist *Ihr* Problem!«

Zugegeben, durch zu gefühlsgeladene Predigten fühlt sich der Kranke eher fallengelassen, wenn er nicht geheilt wird. Durch rechte Haltung und eine ausgeglichene Lehre aber kann die Predigt für jeden zum Segen auf einer bestimmten Ebene werden – und das kann auch Heilung einschließen. Es brauchen also keinerlei negative Wirkungen zu entstehen.

Ich fühle mich nicht wohl in großen Heilungsgottesdiensten, weil ich so viele Schwerkranke sehe, die vermutlich intensiveres Gebet brauchen und für die man einfach keine *Zeit* hat. Einige sind in Rollstühlen von weither gekommen. Wie kann man ihnen wirklich helfen?

Andere brauchen seelische Heilung und vielleicht auch Befreiung von Dämonen. Im Rahmen einer großen Gruppe kann man sich ihrer kaum persönlich annehmen. Nach einem anfänglichen Gebet braucht es oft auch noch Nachbehandlung, und wo finden sie die?

Nähme ich mir für jeden die nötige Zeit, so könnte ich an einem Abend vielleicht für fünf bis zwanzig Kranke beten. Bete ich dagegen für tausend, so werden vielleicht zweihundert oder mehr geheilt, und noch vielen mehr wird es besser gehen. Was ist besser? Mit den einzelnen zu beten und vielleicht zehn geheilt zu sehen, oder in großem Rahmen zu arbeiten, wo es weniger geordnet zugeht, und zweihundert geheilt zu sehen?

Ideal scheint die Verbindung des großen Rahmens – wo Lobpreis und Gebet besonders wirksam sind – mit den persönlichen Werten des Dienstes am Einzelnen. Wir haben verschiedene Möglichkeiten gefunden, das zu verwirklichen.

PERSÖNLICHER BETEN

Unpersönliches Gebet wirkt gewöhnlich kaum.[3] Ein allgemeines Heilungsgebet für eine Gruppe wird zwar einige Wirkung haben, aber irgendwie muß es auch die besonderen Bedürfnisse der Gruppe erreichen.

Im Heilungsdienst des Evangelisten T. L. Osborne werden die Menschen gebeten, eine Hand auf die kranke Körperstelle zu legen, soweit das dezent geschehen kann. Dann kann jemand ein Gebet für die ganze Gruppe sprechen.

Man kann auch alle Anwesenden mit einer bestimmten Krankheit um das Handzeichen bitten, wenn sie Gebet wollen: »Wer Kopfschmerzen hat, ein Augen- oder Ohrenleiden oder sonst etwas am Kopf, möchte bitte die Hand heben, wenn er Gebet wünscht.« Dann kann man ein für diese Krankheiten geeignetes Gebet sprechen. Gelegentlich habe ich nacheinander für zehn verschiedene Krankheitsgruppen gebetet.

Vor allem gibt es dann auch noch das »Wort der Erkenntnis«, berühmt geworden durch Kathryn Kuhlman. Durch diese Gabe erhält der Mittler Kenntnis davon, welche Krankheiten Gott jetzt heilt. Kathryn Kuhlman sagte dann etwa: »Hier drüben ist jemand mit einem Rückenkorsett. Der Herr heilt Sie. Nehmen Sie Ihr Korsett ab. Sie werden sehen, Ihr Rücken ist geheilt.« Und tatsächlich war in diesem Teil des Saales jemand mit einem Rückenkorsett, der alsbald auf dem Podium erschien, um seine Heilung zu bezeugen.

Diese Gabe läßt den Eindruck entstehen, Jesus gehe durch die Menge und berühre den einen hier, den andern dort. Die Glau-

---

[3] Es wäre fast schade, wenn der Heilungsdienst sich derart durchsetzen würde, daß es schriftliche Heilungsgebete für verschiedene Anlässe, wie zum Beispiel die Fürbitten der Messe, gäbe und man meinte, damit hätte man nun den Heilungsdienst in das kirchliche Leben einbezogen. Einerseits würde ich mich freuen, weil solch ein Gebet sicher eine Wirkung hätte. Andererseits würde es den persönlichen, intensiven Heilungsdienst für die Kranken keineswegs ersetzen.

benserwartung ist auf dem Höhepunkt. Sagte sie dann etwa: »Gott berührt jetzt eine Anzahl Menschen im Saal mit Hörproblemen«, so standen ganze Gruppen auf, sich vom Vorübergehen des Herrn anrühren zu lassen.[4]

Ernstzunehmende Leute, die mit dem Stellenwert dieser Gabe nicht vertraut sind, haben erhebliche Bedenken gegen ihren Einsatz bei Heilungsgottesdiensten angemeldet, weil es kaum möglich ist, zu prüfen, wie echt sie ist. Wie kann man jemanden daran hindern, bei einem Gebetstreffen aufzustehen und zu sagen: »Es sind viele Arthritis-Patienten hier heute abend. Fordern Sie ihre Heilung! Gott möchte Sie heilen!« In einer großen Gruppe sind sicher auch einige Leute mit Arthritis. Wie können wir diese Leute vor Enthusiasten aller Art schützen, die behaupten, ihre sogenannten Gaben auszuüben?[5]

Auch hier ist die Antwort: Gemeinschaft. Hat man eine Zeitlang mit anderen zusammengearbeitet, so weiß man sehr bald die wirklich ungewöhnliche Gabe der Erkenntnis, die sich durch ihre Genauigkeit bestätigt, von jenen anderen zu unterscheiden, bei denen entweder herumgeraten wird oder bei denen eine echte, aber noch unentwickelte und ungereinigte Gabe vorliegt und die zuweilen übertreiben. Mehrere, mit denen ich im Heilungsdienst zusammenarbeite, haben diese echte Gabe der Erkenntnis. Sie stellen oft an der Oberfläche unwahrscheinlich klingende Diagnosen, die sich aber dann doch als zutiefst richtig erweisen. Diese Gaben offenbarten und bestätigten sich zunächst im jahrelangen Dienst am Einzelnen und in kleinen Gruppen. Wenn diese Freunde mit mir arbeiten und Einsicht erhalten, welche Krankheit Gott in der Versammlung heilt, so kann ich ihnen vertrauen. Wird diese Hilfe unterdrückt und in der Versammlung nicht genutzt, so kann der ganze Abend ein Fehlschlag werden.

Die Gabe der Erkenntnis ist alles andere als ein Selbstzweck. Manchmal ist sie wie das brennende Feuer in den Gebeinen des Propheten Jeremia. Barbara Shlemon hatte sie zunächst sehr oft

---

[4] Diese Gabe war für ihren Heilungsdienst derart wesentlich, daß Gesang und Predigt nur auf den Augenblick hinzielten, in dem sie erkannte, was Gott an jenem Abend heilt. Zuweilen schien es mir, daß sie zu lange sprach, weil sie nur auf den Moment wartete, wo die Gabe der Erkenntnis sich ihr offenbarte.
[5] Dr. William Nolen hat erhebliche Bedenken gegen die Art der Ausübung dieser Gabe in den Gottesdiensten von Kathryn Kuhlman (Nolen, a.a.O., S. 62–65).

bei persönlichen Heilungsdiensten. Bei einem Heilungsgottesdienst mit 700 Menschen in einem niedrigen Gemeindesaal in Cincinnati, wo das einzige plattformähnliche Gebilde ein winziger, leicht erhöhter Bereich war, von dem gewöhnlich die Bingo-Zahlen[6] vorgelesen wurden, konnten die Anwesenden kaum etwas sehen, weil es so viele Säulen gab. Der Raum war denkbar ungeeignet für einen Heilungsgottesdienst und um die Aufmerksamkeit der Zuhörer zu fesseln. Während ich sprach, hatte Barbara lebhafte Vorstellungen von verschiedenen Krankheiten, die geheilt würden, wenn sie die Tatsache nur im Glauben ausspräche. Zweimal kämpfte sie sie nieder, weil sie nicht wie ein Abklatsch von Kathryn Kuhlman wirken wollte (so kam sie sich jedenfalls vor). Aber beim dritten Mal handelte sie nach dieser Eingebung. Als sie die verschiedenen Krankheiten, die geheilt wurden, aussprach, ging eine tiefe Bewegung erwartenden Glaubens durch die Menge.

Wir prüfen die Gabe der Erkenntnis genauso wie die Gabe der Prophetie:

1. *Kennen wir den Menschen als glaubwürdig?*
2. *Bestätigen sich seine Vorhersagen in der Praxis?*

Ein bewährter Mensch und ein bewährter Dienst also. Das hat man schnell heraus. Gefährlich sind nur diejenigen, die allein arbeiten und sich jeglicher Einsicht in ihre Praktiken entziehen. Ist aber die Gabe der Erkenntnis echt, so ist sie außerordentlich wertvoll für einen großen Heilungsgottesdienst.

PERSÖNLICHES GEBET ZUSÄTZLICH ZUM GROSSEN HEILUNGSGOTTESDIENST

Gewöhnlich sind seelische Heilung und Befreiung während eines großen Heilungsgottesdienstes nicht möglich, weil sie erstens viel Zeit und zweitens Nachbehandlung erfordern. Für *körperliche* Heilung dagegen läßt sich am besten bei großen Treffen beten. Aber auch hier brauchen die schweren Fälle gewöhnlich mehr Zeit und Nachbehandlung, als wir bei einem großen Heilungsgottesdienst erübrigen können. Glücklicherweise gibt es wenig negative Auswirkungen, wenn man für körperliche Heilung betet und

---

[6] Das Bingospiel ist eine beliebte Einnahmequelle vieler amerikanischer Kirchengemeinden (Anm. des Übersetzers).

keine Zeit hat, so tief zu gehen, wie man möchte. Oft geschieht eben nur nicht sehr viel, oder etwas bessert sich bis zu einem bestimmten Punkt und nicht weiter. Jede Besserung aber ist ein Segen. (Bei Innerer Heilung oder Befreiung führt die Tatsache, daß man auf halbem Wege stehenbleiben muß, fast immer zu einer Enttäuschung, und manchmal gibt es nach einer Besserung einen Rückfall. Besonders bei Befreiung ist die Gelegenheit zur Nachbehandlung wichtig. Wenn möglich, sollte der Betroffene Kontakt mit einer christlichen Lebensgemeinschaft haben oder am besten mit ihr leben.)

Bei einem großen Heilungsgottesdienst die Möglichkeit *zu persönlichem Gebet* vorzusehen ist immer hilfreich. Am einfachsten ist es, wenn *nach* dem großen Treffen der um Heilung Betende für kurze persönliche Gebete zur Verfügung steht. Warten jedoch viele, so ist es für den Betenden sehr strapaziös. Wenn er es Abend für Abend tun muß, führt das wirklich bis zur Erschöpfung. Die Zeit, die man dem einzelnen geben kann, bleibt dann notwendig auf ein Minimum beschränkt. Menschen, die mit einem großen Problem kommen, werden nach meinem Empfinden fast betrogen: Vielleicht werden sie denken, sage ich mir dann, weil ich für sie betete, haben sie bekommen, was sie brauchten, um geheilt zu werden. Aber auch unter diesen Umständen geschieht so viel Segensreiches, so viele werden durch diese Kurzgebete, durch diesen Beziehungspunkt geheilt, daß ich versuche, mit einzelnen zu beten, wo ich nur kann, vorausgesetzt, ich habe noch genug Kraft, die Zeit dafür aufzubringen. Ich kann aber auch der Versammlung erklären, daß das keine ideale Lösung ist, daß ich mir gern Zeit nähme, mit jedem einzelnen zu sprechen und herauszufinden, wie man am besten betet, aber daß wir unter diesen Umständen nur kurz für jeden einzelnen beten können. Zusätzlich sage ich, wenn Sie diesmal nicht geheilt werden, gibt es noch andere Zeiten und Möglichkeiten dazu. Außerdem kann ich sie an den Heilungsdienst der örtlichen Gebetsgruppe verweisen.

Persönliches Heilungsgebet kann auch mit einem großen Heilungsgottesdienst verbunden werden, wenn jeder Anwesende dem anderen die Hände auflegt, während man ein allgemeines Heilungsgebet für alle spricht. Man kann auch die Anwesenden in kleine Gruppen aufteilen und sie füreinander beten lassen. Das setzt freilich eine gewisse Reife in der Gruppe voraus. Mit der richtigen Gruppe sind die Ergebnisse erstaunlich. Gemeinsames Singen und Beten sowie eine Predigt, die das Gebet in den kleinen Gruppen vorbereitet, haben zu einigen wunderbaren Heilungen geführt. Bei einem Treffen in einer katholischen Schule in Houston, Texas, haben wir es neulich mit achthundert Leuten so gemacht. Während des Gebetes in kleinen Gruppen konnte ein kleiner Junge mit einer Gehirnlähmung (Cerebralparese), der sich nur mit Unterstützung seines Vaters fortbewegen konnte, plötzlich viel besser laufen: er brauchte nur noch den Finger seines Vaters zu greifen. Seitdem geht es ihm immer besser. Bis dahin war in seiner Gebetsgemeinschaft sehr viel für ihn gebetet worden, aber irgendwie war die Kraft Gottes an diesem Nachmittag besonders gegenwärtig, die verschiedenen Gebete bis zu diesem Punkt der Vollkommenheit zu führen.

Die ideale Kombination scheint mir ein Heilungsgottesdienst mit der besten Musik und der kraftvollsten Predigt, der zu intensivem Gruppengebet hinführt, gefolgt von Teams qualifizierter Leute, die den einzelnen dienen, die mehr Gebet wollen. So hielten wir am Abend des 14. November 1976 im La Salette Shrine in Attleboro, Massachusetts, einen Heilungsgottesdienst im Anschluß an ein Seminar der Vereinigung Christlicher Therapeuten, einer Gruppe aus den heilenden Berufen, die auch für ihre Patienten beten. 9 Ärzte, etwa 20 Schwestern, 20 Priester und eine Anzahl christlicher Berater hatten am Seminar teilgenommen. Zweitausend Menschen kamen zum Gottesdienst. 30 Gebetsteams mit je 3 oder 4 Mitarbeitern der Vereinigung Christlicher Therapeuten wurden ausgewählt, nach dem Gottesdienst mit den einzelnen zu beten, denn die meisten blieben noch da. Der Heilungsgottesdienst begann um 19.30 Uhr mit der Votivmesse für die Kranken, die Teams beendeten ihr Gebet um Mitternacht. In vier Stunden und in Anbetracht der großen Anzahl von Teams mit fähigen Leuten konnten wir viel tiefer gehen als sonst. Aber solche Teams reifer Christen mit Erfahrung im Heilungsdienst sind natürlich eine Seltenheit.

Am folgenden Abend hielten wir einen Heilungsgottesdienst in einer katholischen Kirche in Providence, Rhode Island. Hier hatten wir etwa 10 Teams, je zur Hälfte vom Attleboro-Seminar und der örtlichen Gebetsgemeinschaft, und rund 1500 Teilnehmer. Das Treffen ohne Messe dauerte von halb sieben Uhr bis etwa halb zwölf. Weil es in einer Kirche gehalten wurde, konnten wir die Teams nicht unter die Leute verteilen wie am Vorabend, wo es in einer Cafeteria stattfand. Die Teams warteten beim Altar, bis die Leute aus den Bänken nach vorn kamen. Wie am Abend vorher wirkten Gemeinschaftsgebet und persönlicher Dienst gut zusammen.

Wollen wir in der Tiefe helfen, so werden wir nicht weniger große Heilungsgottesdienste brauchen, sondern mehr. Aber sie müssen einen persönlichen Heilungsdienst einschließen, wo er gebraucht wird. Bei den kraftvollsten Heilungsgottesdiensten, die ich erlebt habe, waren die Freude und das Lob einer großen Versammlung mit irgendeiner Form persönlichen Heilungsdienstes verbunden, der darauf hinzielte, jeden Kranken dort anzurühren, wo er wirklich Hilfe brauchte. Denn selbst dort, wo Jesus von der Menge fast überwältigt wurde, hielt er keinen großen Heilungsgottesdienst. Er rührte vielmehr jeden einzeln an.

15. Kapitel

RUHEN IM GEIST

Die erste Erfahrung mit »Ruhen im Geist« machte ich 1970. Ich hatte sehr viel von dieser merkwürdigen Erscheinung gehört: Menschen werden von anderen berührt, die über eine bestimmte Kraft verfügen, und fallen unter dieser Kraft einfach um. Ich sprach mit einem Priester, der an einer Versammlung mit Kathryn Kuhlman in Pittsburgh teilgenommen hatte und für diese Kraft so offen war, daß er an Kathryn Kuhlman gar nicht erst herankam, sondern schon auf dem Weg zum Podium wiederholt umfiel. Das klang mir wirklich merkwürdig! Was sollte es? War es nicht ein einziger unwürdiger Zirkus? Würde Gott so handeln?

Als ich es bei einem großen Treffen erlebte, war ich überrascht von der Wirkung auf die Menge, die dadurch veranlaßt wurde, Gottes Kraft zu loben. Anstatt die Menschen zu entwürdigen, wurde ihnen ein so kraftvoller Segen zuteil, daß ihr Körper ihn einfach nicht aufnehmen konnte. Inzwischen hatte ich auch mit Menschen gesprochen, die das selbst erlebt hatten. Während des Fallens fühlten sie sich federleicht. Während sie am Boden lagen, waren sie ganz im Frieden und in der Gegenwart Gottes. Das stimmte mich versöhnlich.

Es schien mir wertvoll, wenn die Hauptwirkung echte innere Segnung war und nicht nur ein äußeres oberflächliches Zeichen, das einige Evangelisten brauchten, um die Menge anzulocken.

Als ich selbst eines Tages vor einer großen Menge aufstand und bemerkte, daß ein Evangelist, der diese ungewöhnliche Kraft hatte, auf mich zukam, um für mich zu beten, freute ich mich über die Gelegenheit. Wenn Jesus mich auf eine so tiefe Weise segnen wollte, so wollte ich dem nicht widerstehen. Jeden echten Segen, der davon ausgehen würde, wollte ich gern empfangen. (Als echter Dominikaner wollte ich natürlich auch zunächst selbst verstehen, was da geschah, um es anderen erklären zu können, falls man mich je darum bat.)

Ich stand also da, entschlossen, nicht dagegen anzukämpfen, was auch geschehen würde. Ein Helfer, der mich auffangen sollte, stand hinter mir, und tausend Leute schauten gespannt zu. Die Hand des Evangelisten drückte sich mir leicht auf die Stirn. Ich mußte mich entscheiden. Ging ich nicht rückwärts, würde mich der leichte Druck umwerfen. Ich sagte mir, wenn das von Gott kommt, will ich nicht widerstehen. So fiel ich der Länge nach rückwärts. Die Menge war überrascht und entzückt: Ein Priester mit einem römischen Kragen sank unter der Kraft Gottes dahin! Ich kam sehr schnell wieder auf die Beine – nicht sicher, ob ich nicht einfach umgestoßen worden war. Der Evangelist betete ein zweites Mal. Wieder fühlte ich den leichten Druck auf der Stirn, dem ich nicht widerstand. Und wieder fiel ich um.

Es war verwirrend. Andere hatten etwas Gutes erlebt, meiner Erfahrung nach aber war nichts Besonderes daran. Vielleicht hatte man mich einfach aus dem Gleichgewicht gebracht? Ich wußte nicht, was ich damit anfangen sollte.

IN MEINEM EIGENEN HEILUNGSDIENST

Zunächst fast unmerklich erlebte ich es später auch, wenn ich für andere betete. Zuerst geschah es nur, wenn ich jemand anderem beten half. Ich denke, es war 1971, als ich mit Tommy Tyson für einen älteren Herrn betete, der auf einem Stuhl saß. Er benahm sich, als wäre er eingeschlafen, und fiel fast vom Stuhl. Ich war erstaunt, daß Tommy *nicht* überrascht war, daß er keine Angst hatte, der Mann hätte einen Herzanfall.

Ungefähr ein Jahr später erlebten es einige wenige Leute, für die ich betete, auf eine sehr sanfte Art. Weil die Menschen gewöhnlich nicht stehen, sondern sitzen, wenn ich für sie bete, brauchte ich nur aufzuhören, um damit das Hinabsinken aufzuhalten.

Ich erinnere mich aber an eine bemerkenswerte Ausnahme. Es war während Priester-Exerzitien 1971. In der Gruppe bildete sich erheblicher Widerstand gegen die damals noch neuen Charismatischen Exerzitien. Immerhin waren wir soweit gekommen, gemeinsam zu beten. Rund hundert Priester und Seminaristen sowie zwei oder drei Schwestern, die zum Team gehörten, strömten in den Gebetsraum. Die meisten saßen am Boden, einige standen, es gab nur wenig Stühle. Wir fragten, wer die Geisttaufe empfangen möchte. Ein Seminarist meldete sich. Wir stellten einen Stuhl in die Mitte, und Pater Joe Lange und ich beteten für ihn. Es wurde sehr still. Offenbar wurde intensiv gebetet. Dann bat ein anderer Seminarist um das Gebet. Ich bat den ersten aufzustehen. Zu unserem Erstaunen sagte er: »Ich kann nicht.« Ohne ein Aufhebens darum zu machen, stellten wir einfach einen zweiten Stuhl hin. Während der folgenden Gebete blieb der erste Seminarist sitzen. Nach etwa einer Stunde bat er einen Freund, er solle ihm die Brille zurechtrücken, sie rutsche ihm über die Nase. Es schien ihm gut zu gehen, er konnte sprechen, aber er konnte sich nicht bewegen. Das war sicher etwas ungewöhnlich. Aber wir versuchten, seinen Zustand nicht weiter zu beachten. Nach Abschluß des Gebetsabends – mehr als zwei Stunden später – saß er immer noch da. Das Team versammelte sich um ihn. Als wir für ihn beteten, sagte er schließlich: »Ich meine immer noch zu hören: ›Ohne mich könnt ihr nichts tun.‹ Mein Leben lang habe ich immer alles in der Hand haben wollen. Jetzt muß ich es Gott überlassen.« Und damit begann er sich wieder zu bewegen. Fünf Minuten später verließ er den Raum. Damals schien mir das eine reichlich dramatische Lektion, so etwas wie die symbolische Geste der Propheten, die auf unvergeßliche Weise eine Lehre verkünden wollten. Hier wollte Gott selbst uns offenbar etwas mitteilen. Erst später erkannte ich, daß es zumindest teilweise *Ruhen im Geist* war.

IN DER TRADITION DER KIRCHE

Auch Paulus machte bekanntlich diese Erfahrung:
»Ich kenne einen Menschen in Christus, der vor 14 Jahren, ob im Leibe oder außer dem Leibe, das weiß ich nicht, Gott weiß es, bis zum dritten Himmel entrückt wurde. Und ich weiß, daß der betreffende Mensch, ob im Leibe oder außer dem Leibe, das weiß ich nicht, Gott weiß es, ins Paradies entrückt wurde und unsagbare Worte vernahm, die einem auszusprechen versagt sind« (2 Kor 12,2–4).

Die Heiligen aller Zeiten haben Ähnliches über ihre geistigen Erfahrungen berichtet. Die heilige Theresia von Avila schreibt, daß durch die Intensität des Erlebens die Funktionen des Körpers einfach ausgeschaltet wurden. In ihrer eigenen Lebensbeschreibung heißt es:

»Während also die Seele in besagter Weise Gott sucht, fühlt sie, wie sie in übergroßer, süßer Wonne fast ganz dahinschmachtet und in eine Art Ohnmacht versinkt. Der Atem stockt, und alle Körperkräfte schwinden, so daß sie nicht imstande ist, auch nur die Hände zu rühren, außer nur mit großer Pein. Die Augen fallen ihr zu, ohne daß sie es will; und hält sie diese offen, so sieht sie fast nichts ... Ihre Sinne nützen ihr also nichts, sondern schaden ihr vielmehr, weil sie ihr zum Hindernisse sind, vollkommen in ihrer Ruhe zu bleiben. Vergebens würde sie sich zu sprechen bemühen; denn sie kann weder ein Wort gehörig bilden, noch hat sie zum Aussprechen desselben die Kraft. Es schwindet nämlich alle äußere Kraft, indes die Kräfte der Seele zunehmen, damit diese ihre innere Seligkeit um so besser genießen könne. Aber auch die äußere Wonne, die man empfindet, ist sehr groß und ganz unverkennbar.

Dieses Gebet verursacht der Gesundheit keinen Schaden, wenn es auch noch so lange dauern sollte. Mir wenigstens hat es noch nie geschadet, und ich kann mich nicht erinnern, daß ich auch nur ein einziges Mal, wenn mir der Herr diese Gnade verlieh, ein Unwohlsein gefühlt hätte, so krank ich auch gewesen sein mochte; im Gegenteil, ich befand mich danach weit besser. Welchen Schaden könnte aber auch ein so großes Gut bringen? Die äußeren Wirkungen dieses Gebetes sind so unverkennbar, daß man an dem Walten einer außerordentlichen Ursache gar nicht zweifeln kann; denn auf solche Weise benimmt es dem Körper unter so großem Wonnegenusse die Kräfte, daß es ihm diese gestärkter wieder zurückgibt.«[1]

Theresias Erfahrung ergibt sich aus ihrer innigen Vereinigung mit Gott. Sie war eine außergewöhnliche Heilige. Aber auch gewöhnlichen Menschen geschah dies durch das Wirken von Johannes Tauler, einem deutschen Dominikaner des 14. Jahrhunderts. Tauler war ein berühmter Prediger in Köln. Eines Tages sprach er in der Sakristei mit einem Laien, der sich Aufzeichnungen über seine Predigten gemacht hatte. Tauler drängte ihn zu sagen, was er von seiner Predigt hielte. Der Mann schien sehr zurückhaltend. Doch schließlich rückte er damit heraus, daß seiner Meinung nach Tauler wie die Pharisäer mehr aus intellektuellem Stolz sprach als aus der Erleuchtung des Heiligen Geistes. Das traf

---

[1] *Das Leben der heiligen Theresia von Jesu*, 1. Band der sämtlichen Schriften von Theresia von Jesu, 4. Aufl. München 1973, S. 166f.

Tauler zutiefst. Nach einem inneren Kampf war er bereit, sich der geistigen Führung dieses Laien anzuvertrauen, was besonders in dieser Gegend ungewöhnlich war. Der Mann sagte ihm, er müsse aufhören zu predigen und eine Zeitlang nur beten und meditieren.

»Und da er also in seiner Traurigkeit und Krankheit wachend saß, da hörte er mit seinen leiblichen Ohren eine Stimme, die also sprach: ›Stehe nun fest in deinem Frieden, traue Gott und wisse, da Er auf Erden in menschlicher Natur war, da machte er den Kranken, den er leiblich heilte, auch gesund an der Seele.‹ Als diese Worte ausgesprochen waren, verlor er seine Stimme und seine Vernunft, und wußte nicht, wie oder wo er hingezogen wurde. Als er aber wieder zu sich selber kam, da fand er, daß er in allen seinen äußerlichen und innerlichen Kräften eine neue Stärke und Macht bekommen hatte; auch viele Dinge, die ihm zuvor fremd waren, erkannte er jetzt sehr wohl . . .«[2]

Die Antwort des Laien auf dieses Geschehen war bemerkenswert:

»Ich sage euch in Wahrheit, daß ihr jetzt erst vom Allerhöchsten berührt worden seid; ihr wißt nun, wie euch der Buchstabe getötet, also sollt ihr auch erfahren, wie er euch wieder lebendig machen wird; denn eure Lehre kommt nunmehr vom Heiligen Geist, die da zuvor vom Fleische war. Denn ihr habt jetzt das Licht des Heiligen Geistes von der Gnade Gottes empfangen, und ihr habt nun in euch die Heilige Schrift, und deswegen einen großen Vorteil; ihr werdet auch ferner die Schrift viel besser erkennen, als ihr sie zuvor erkanntet. Denn ihr wißt wohl, daß die Schrift an vielen Orten lautet, als wäre sie wider einander; so ihr nun aber dieses im Licht des Heiligen Geistes von der Gnade Gottes empfangen, daß ihr in euch habt die Schrift, so werdet ihr erkennen, daß die ganze Schrift einen gleichen Verstand hat, und sich selbst nicht widerspreche.«[3]

Es scheint also, daß Tauler im Geist ruhte. Wichtig daran scheinen nicht die körperlichen Ausdrucksformen, sondern was in seinem Geist vorging:

1. Er hatte zum ersten Mal erlebt, wie Gott ihn berührte.
2. Er erhielt die Gabe des Verstehens.

---

[2] *Johannes Taulers Predigten*, 1. Teil, Lebenshistorie, Berlin 1841, S. XLIIf.
[3] A.a.O., S. XLIII.

Nachdem er sich zwei Jahre in die Stille begeben hatte, gab ihm der Laie die Erlaubnis, wieder zu predigen. Bei seiner ersten Predigt weinte er so heftig, daß er nicht weitersprechen konnte – und wurde dafür von seinen dominikanischen Mitbrüdern ausgelacht. Aber er nahm einen zweiten Anlauf, und dieses Mal predigte er äußerst wirkungsvoll:

»*Als diese Predigt zu Ende war, ging der Doctor hin und las die Messe . . . Es blieben aber nach der Predigt wohl vierzig Menschen auf dem Kirchhof sitzen; das hatte der Mann wahrgenommen. Da nun die Messe aus war, meldete er dies dem Doctor und führte ihn auch zu den Leuten hin; da waren sie bis auf zwölf aufgestanden. Der Doctor sagte zu dem Mann:* ›*Lieber Sohn, was glaubst du, daß bei diesen Leuten zu tun sei?*‹ *Da ging der Mann von einem zum andern und rührte sie an; sie bewegten sich aber gar wenig, sondern lagen da, als ob sie tot wären. Das kam dem Doctor fremd vor, denn er hatte dergleichen niemals gesehen . . . Der Mann aber sagte:* ›*Herr, diese Menschen sind noch in dieser Zeit, und ich wollte, daß ihr diese Kloster-Jungfrauen bätet, daß sie sie in ihren Kreuzgang führen möchten, damit sie nicht hier in der Luft, auf der kalten Erde also an ihrem Leibe krank werden; und das geschah, und sie wurden in die Wärme gebracht. Da erzählten die Kloster-Jungfrauen:* ›*Lieber Herr, wir haben eine Nonne hier, der ist es ebenso ergangen, die liegt in ihrem Bett, als ob sie tot wäre.*‹«[4]

Später gingen sie in Taulers Zimmer, wo der Laie sagte:

»*Nun, lieber Herr, wie dünkt euch, ist euch wohl jemals dergleichen in dieser Zeit widerfahren? Ihr seht also, was Gott für Wunder wirkt. Lieber Herr, ich bin versichert, daß diese Predigt viele Leute bewegen wird, und einer wird es dem andern erzählen. Wenn es euch beliebte, möchtet ihr diese kranken Kinder wohl eine Weile ruhen lassen, denn sie haben mit dieser Predigt eine lange Zeit zu tun.*«[5]

Diese Lektüre aus der Tradition der Kirche war mir noch so lebendig, daß die Nachricht vom *Ruhen im Geist* mich nicht allzusehr überraschte. Ich wußte, daß so außergewöhnliche Erscheinungen auch gewöhnlichen Leuten zuteil werden können. Bei Tauler werden sie als »diese kranken Kinder« bezeichnet. Das

---

[4] A.a.O., S. XLVIIIf.
[5] A.a.O., S. XLIX.

Grundanliegen scheint, ihnen *innere* Segnung zuteil werden zu lassen, in diesem Fall, Taulers Predigt in sich aufzunehmen. Aber auch eine gewisse öffentliche Wirkung war nicht von der Hand zu weisen: Die Leute haben darüber miteinander diskutiert. Von großem Gewinn schien es außerdem für die Verkündigung: »Ihr seht also, was Gott für Wunder wirkt.« Es geschah erst, als Tauler bis zu einem gewissen Grad mit der Kraft Gottes erfüllt war. Wer im Geist ruht, kann erwarten, daß er eine Zeitlang in diesen Zustand versetzt wird.

All das bewog mich, innerlich zum *Ruhen im Geist* nicht nein zu sagen, soweit es sich um einen gottgesandten Segen handelt.

WORUM GEHT ES?

Nachdem ich mit vielen Menschen darüber gesprochen und auch beobachtet hatte, was bei unseren Treffen geschah, verstand ich die Bedeutung etwas besser. Soweit ich sehe, ist es die Kraft des Heiligen Geistes, die einen Menschen mit einem derart gesteigerten inneren Bewußtsein erfüllt, daß die körperlichen Energien nachlassen, bis sie schließlich völlig ausfallen. Im 10. Kapitel der Apostelgeschichte ist davon die Rede, wie Petrus in einen solchen Zustand verfällt. In Getsemani fallen die Soldaten um, als Jesus sie anspricht. Bei seiner Bekehrung vor Damaskus fällt Paulus zu Boden. In seinem Aufsatz über *Ruhen im Geist* schreibt Pater George Maloney S.J., wenn Daniel (Dan 10,9) und Paulus (Apg 9,4) zu Boden fallen, so sei das nicht dasselbe, was heute beim *Ruhen im Geist* geschieht, denn ihre Ekstasen kamen direkt von Gott: »Ekstase ist nicht dasselbe wie in Ohnmacht fallen durch die Vermittlung eines anderen als Jesus Christus.«[6]

Ein gewisses *Ruhen im Geist* scheint tatsächlich etwas vorwiegend Körperliches, ein Kraftphänomen zu sein. Aber viele Menschen erleben dabei eine Art Ekstase, aus der sich das Körperphänomen erst ergibt.

Und oft geschieht das *Ruhen im Geist* ohne jede Handauflegung. Vorigen Monat bei einem Treffen von hundert in Heilberu-

---

[6] George Maloney, *How to Understand and Evaluate the Charismatics' Newest Experience: »Slaying in the Spirit«*, in: *Crux*, Nov. 1, 1976. Der Artikel von Pater Maloney behandelt verschiedene mit »Ruhen im Geist« verbundene Gefahren.

fen Tätigen wurden während der Messe fünf vom Geist überwältigt, ohne daß sie jemand berührte.

Kürzlich schrieb mir ein Pfarrer:

»Am 19. Dezember 1976 während der Samstagsliturgie in Mount Augustine, Staten Island, teilte ich die heilige Kommunion an rund vierzig Gläubige aus. Zwei wurden vom Geist überwältigt, als ich ihnen die Hostie auf die Zunge legte. Ich war ziemlich erstaunt, aber ich dachte damals nicht allzuviel darüber nach.

Am nächsten Tag sprach ein junger Mann mich darauf an. Er sagte, daß er sein Leben lang ernste Zweifel gehabt hätte, ob Jesus in der Hostie wirklich gegenwärtig sei. Er war vom Glauben an die Eucharistie überwältigt, als er die zwei Menschen fallen sah.

Ich habe diese Erfahrung früher nie gemacht. Ich habe auch nie davon gehört, es war ein wirklich einzigartiges Erlebnis.«

Weil die meisten Menschen, die dieses Phänomen erleben, berichten, daß sie dabei innerlich lebendiger als je zuvor waren, ziehe ich es vor, nicht vom »Geschlagenwerden im Geist« zu sprechen, das sich nur auf das äußere Phänomen körperlichen Zu-Boden-Fallens bezieht. Es ist genau das Gegenteil von Geschlagenwerden, nämlich ein Zuviel an Leben für den Körper. Das Wort Geschlagenwerden sollte daher fallengelassen werden, weil man es mit Gewalt verbindet. Mit Pater Michael Scanlan, dem Präsidenten des Steubenville College in Ohio, sprach ich darüber, ob es denn keinen besseren Ausdruck für diese Erscheinung gäbe. Wir kamen zum Schluß, daß wir »Überwältigtwerden vom Geist« und danach *Ruhen im Geist* vorziehen. Diese Ausdrücke beschreiben genauer, was geschieht, als »Geschlagenwerden im Geist« (Slaying in the Spirit).

In der Tradition der Kirche gibt es einen ähnlichen Ausdruck: »in Ekstase fallen«. Das griechische »ekstasein« bedeutet, sich außerhalb des Körpers befinden.[7] Mit genau diesen Worten wird es von der heiligen Brigitta von Schweden beschrieben:

»O süßeste Gottheit, fremd ist, was du mir tust, denn du wiegst

---

[7] Bei der Ekstase geht es um die innigste Vereinigung mit Gott: Sinne und Körpergefühl schwinden sozusagen dahin. »Vom Geist überwältigt werden« und »vom Geist geschlagen werden« bezieht sich eher auf das Fallen des Körpers, das mit einer intensiven Gotteserfahrung einhergehen *kann,* aber nicht muß. »Ekstase« beinhaltet also eine gewisse mystische Vereinigung, »Überwältigtwerden vom Geist« jedoch nicht notwendigerweise.

meinen Körper in den Schlaf, und meine Seele erweckst du, die Dinge des Geistes zu sehen, zu hören, zu fühlen. Wenn es dir wohlgefällt, läßt du meinen Körper ruhen, nicht in körperlichem Schlaf, sondern in der Ruhe des Geistes. Meine Seele erweckst du wie aus einer Trance, um mit den Kräften des Geistes zu sehen, zu hören und zu fühlen.«

DER SINN VON »RUHEN IM GEIST«

Wird jemand wirklich von Gott angerührt, dann ist das immer hilfreich, vorausgesetzt, es kommt wirklich von Gott. Dieses innere Angerührtwerden reicht vom Erlebnis des Friedens und der Freude bis zur innigen und direkten Gottesvereinigung, zuweilen durch ein Bild oder ein Wort. Aus Gesprächen und Briefen entnehme ich die folgenden echten Vorteile des Überwältigtwerdens durch den Heiligen Geist:

1. Erfahrung der Gegenwart Gottes: Viele erleben dabei nicht nur Ruhe und Frieden, sondern gewissermaßen den Herrn selbst. Eine Ordensfrau schreibt:

»Ich wünschte, ich fände Worte, meine tiefe Dankbarkeit und Freude für jenen Frieden auszudrücken, der mich in den vergangenen Wochen überkam ... für alles, was seitdem geworden ist, und jeden Tag weiter wächst. Eines der schönsten Geschenke ist zu wissen, daß Jesus der Herr und Retter ist und daß er sich wirklich um uns sorgt, daß er mich liebt. Mit dem Verstand habe ich das immer gewußt. Wir lehren das auch unsere Schüler so. Aber zu wissen, das ist die Wirklichkeit, sie durch und durch zu spüren, das ist ein gewaltiger Unterschied ...

Es ist lebenswichtig, eine Sache von Leben und Tod, auch für mich; Tag und Nacht preise ich Jesus dafür. Bewußter und sicher zu wissen, daß Jesus Wirklichkeit ist, ... daß er mich so sehr liebt, wie ich dies in meinen kühnsten Träumen und Phantasien nicht geglaubt hätte.

Es ist ein Wunder und mehr. Es ist Leben, sein Leben, seine Liebe. Der ganzen Welt möchte ich zurufen: Kommt und seht und schmeckt und wißt, daß der Herr unser Gott ist, daß er gut ist, voller Liebe und Freundlichkeit.«

Das schreibt kein Schulmädchen, sondern eine vierzigjährige Ordensfrau, die seit Jahren im Schuldienst steht.

Beim Heilungsgebet wird durch Ruhen im Geist zwar nicht immer Heilung geschenkt, jedoch eine echte Gabe göttlicher Gegenwart:

»Am 11. Juni 1975, als Sie mir so freundlich Ihren Dienst anboten, legten Sie mir die Hände auf und beteten um Heilung von Arthritis, einem Zwerchfellbruch und Nebenhöhlenkatarrh. Das Bewußtsein der Gegenwart Jesu und die Freude waren so intensiv, daß ich vom Geist überwältigt wurde. Dieses Bewußtsein bleibt mir, auch wenn ich körperlich nicht geheilt wurde. Wirklich wichtig ist, daß ich Jesus jeden Tag besser kennenlerne.«

Diese Begegnung kann auch zur Bekehrung werden. Während der Internationalen Charismatischen Konferenz in Rom im Mai 1975 betete ich um die Heilung einer Frau, die zehn Jahre zuvor einen Autounfall gehabt hatte und noch immer unter dessen Folgen litt. Nach zehn Minuten Gebet war sie schmerz- und beschwerdefrei. Sie war voller Freude (sie wurde nicht vom Geist überwältigt). Noch am selben Tag traf ich sie wieder. Sie schien ganz niedergeschlagen. Sie sagte, die Schmerzen wären wieder da, und zwar schlimmer als vorher. Ich bat den Herrn, wenn er wolle, das Problem durch die Kraft des Heiligen Geistes zu lösen. Sie fiel um und ruhte fünfzehn Minuten im Geist. Dann stand sie strahlend auf; sie hatte ein großes Licht gesehen und den Herrn sagen hören: »Gib mir dein Leben, und ich will dich heilen.« So übergab sie ihr Leben dem Herrn und war geheilt.

2. Heilung wird erleichtert, wo die Zeit zum Gespräch und Gebet nicht reicht, besonders wenn eine große Menge wartet. Wenn dann ein Mensch vom Geist überwältigt wird, kann er schneller geheilt und befreit werden. Wenn ich nicht weiß, wo es fehlt, und keine Zeit zum Fragen habe, übernimmt es einfach der Herr. Vorigen Sommer bat mich ein Priester, der jahrelang wegen Depressionen in psychiatrischer Behandlung war, ob ich mit ihm beten könne. Weil ich auf einer großen Konferenz zu sprechen hatte und Gebet um Innere Heilung etwa eine Stunde dauert, sagte ich ihm, ich könne es einfach nicht schaffen. Als ich später ganz kurz für ihn in Sprachen betete, wurde er vom Geist überwältigt und ruhte etwa zwei Stunden. Während dieser Zeit, so beschrieb er mir später, kam der Herr und zeigte ihm sein ganzes Leben. Er erklärte ihm die Bedeutung vieler schmerzlicher Erfahrungen. Einige Dinge, die der Priester für wichtig gehalten hatte, wurden auf diese Weise relativ unwichtig. Jesus zeigte ihm dafür fast Vergessenes, das einen tieferen Eindruck hinterlassen hatte. Der Herr sagte ihm etwas, das sich mir eingeprägt hat: »Weißt du, daß den Menschen, denen du vergibst, auch ich vergeben werde? Du kannst deine Feinde wirklich befreien!«

Auf jeden Fall wurde der Priester durch ein Gebet von einer Minute Dauer geheilt. Es erbrachte mehr und Besseres als zwei Stunden Gespräch und Gebet. Das geschieht nur gelegentlich, gewöhnlich müssen wir uns Zeit zum Gebet nehmen. Denn selbst wenn jemand vom Geist überwältigt wird, bedeutet das nicht notwendig, daß etwas Tiefes geschehen ist. Oft müssen wir danach wie gewöhnlich längere Zeit beten.

3. Eine besondere Kraft Gottes kann durch *Ruhen im Geist* gegeben werden. Das gilt besonders bei Befreiung, wenn böse Geister gegenwärtig sind. Die Kraft Gottes macht es dem Bösen schwer, in ihrer Gegenwart zu überleben. Es wird durch das Übermaß an Güte einfach vertrieben und braucht dann nicht mehr direkt ausgetrieben zu werden. Ist Austreibung jedoch unerläßlich, so geben die bösen Geister wesentlich leichter auf.

Das gilt auch für Heilung. Die besondere Kraft scheint die Heilung zu erleichtern. Oft scheint es, als hätte der Herr selbst die Leitung übernommen und dem Betroffenen Ratschläge und Gaben zuteil werden lassen:

»Ich bat, daß mir die Angst genommen wird und daß sein Friede mich erfüllt. Als Sie für mich beteten, drückte mich eine Kraft nach hinten. Ich versuchte, stehen zu bleiben, aber als die Kraft nachließ, sah ich strahlendes Licht und war ganz davon umfangen. Ich habe niemals etwas so Strahlendes gesehen. Ich erinnere mich, daß ich voller Freude gesungen habe.

Am nächsten Morgen erwachte ich in einem mir bis dahin unbekannten Geist des Friedens. Ich roch den Duft von Rosen ... Mehrere Tage blieb ich in diesem Zustand des Friedens.«

Solche Erfahrungen werden relativ häufig gemacht, wenn Menschen im Geist ruhen. Sie beweisen keineswegs, daß jemand heilig ist. Wir haben auch nicht jede Offenbarung als echt anzunehmen. Erst an ihren Früchten werden wir sie erkennen. Aber immer wieder berichten Menschen, daß sie Frieden und Freude und eine größere Gottesliebe erfahren haben. Gelegentlich erleben sie auch Heilung an Leib, Seele und Geist, also Bekehrung.

Die heilige Theresia von Avila bemerkt:

»Sie [die Priorinnen] sollten nicht meinen, daß eine Schwester, die etwas Derartiges erlebt, besser sei als die anderen. Der Herr führt eine jede, wie er es für nötig hält. Falls man diese Hilfe nützt, ist es eine Vorbereitung, um zu einer willigen Dienerin Gottes zu werden. Doch zuweilen führt Gott die Schwächsten auf diesem Weg; und deshalb gibt es daran nichts zu billigen und nichts zu verdammen. Auf die Tugenden sollte man vielmehr schauen . . .«[8]

Genau das habe auch ich erfahren: Menschen zu helfen, im Geist zu ruhen, ist eine *Gabe kirchlichen Dienstes*. Ich brauche sie *während* des Heilungsdienstes, die meisten Evangelisten dagegen *nach* dem Dienst als Demonstration von Gottes Kraft.

WEITERE BEOBACHTUNGEN

Zum Zeitfaktor: Ich habe dieses *Ruhen im Geist* von einigen Sekunden bis zu sechs Stunden dauern sehen. Dauert es eine gewisse Zeit, dann hat der Herr mehr Möglichkeiten, etwas im Leben des Menschen zu tun. Aus diesem Grund fühle ich mich nicht wohl bei Treffen, wo die Menschen automatisch umfallen wie die Kegel und genauso prompt wieder aufstehen, damit der nächste drankommen kann. Man spielt die Äußerlichkeiten hoch, ohne den Sinn zu verstehen.

Gewöhnlich geschieht es nach einer gewissen Zeit des Gebetes. Stehen die Leute, für die wir beten, in einer Reihe, so kann es dem dritten oder vierten geschehen. Gebet scheint diese geheimnisvolle Kraft zu verstärken, bis sie den ganzen Raum erfüllt. Gelegentlich werden die Leute vom Geist überwältigt, auch wenn sie nur dastehen und niemand sie anrührt. Ich habe das auch bei Priestern am Altar nach einer Zeit des Lobes geschehen sehen. Durch Gotteslob wird *Ruhen im Geist* entschieden verstärkt.

Gewöhnlich fallen die Leute sehr sanft und wie schwerelos um. Die folgenden drei Briefauszüge scheinen typisch:

»Als Sie Ihre Hand ganz leicht auf meine Stirn legten, überkam mich ein Gefühl der Schwerelosigkeit, als schwebte ich auf einer Wolke, und ich sank um. Ein tiefes Gefühl des Friedens war da. Ich

---

[8] Theresia von Avila, *Die innere Burg*, hg. u. übersetzt von Fritz Vogelsang, Stuttgart 1966, S. 167f.

war halb bei Bewußtsein und doch wie in einer anderen Welt, die sehr friedlich war.«

»Dann hatte ich das Gefühl, als fiele ich. Ich fühlte die Hand des Paters, er hielt meinen Kopf, als wollte er mich vor dem Fallen bewahren. Dann glitt ich hin, so sanft wie eine Feder. Ich fühlte mich schwerelos. Aber ich war bei Bewußtsein. Ich hatte nur keine Kontrolle über meinen Körper. Ich wollte aufstehen. Aber ich konnte mich nicht bewegen. So blieb ich einfach liegen. Zum ersten Mal im Leben erfuhr ich, daß Jesus mich liebt und mir die Sünden vergeben hat.«

»Ich war bei Bewußtsein und konnte vage hören, wenn ich hören wollte. Aber ich konnte weder sehen noch sprechen. Als ich die Dame sagen hörte, alle sollten gehen, versuchte ich aufzustehen. Aber als ich mich erhob, fiel mein Kopf zurück auf den Boden. Es schien ein großes Gewicht auf mir zu lasten, dessen ich mir nicht bewußt war, bis ich versuchte aufzustehen. Als ich sagen wollte: ›Ich kann nicht gehen‹, entdeckte ich, daß ich nur sagen konnte: ›Preis den Herrn!‹, ›Jesus‹ oder in Sprachen beten. Ich war mir leichter Erschütterungen in Kopf und Körper bewußt und auch eines Gefühls des Friedens wie bei einer Betäubung. Ich hörte jemand sagen: ›Wir bringen sie in einen anderen Raum.‹ Ich war mir bewußt, daß ich getragen wurde, konnte aber selbst nichts tun. Nachdem ich etwa 45 Minuten ›außerhalb des Körpers‹ war, setzte ich mich auf.«

Vergleichen wir diese Beschreibungen mit denen der heiligen Theresia von Avila:

»Oftmals kam es mir vor, mein Leib verliere gänzlich seine Schwere und werde ganz leicht; ja zuweilen fühlte ich beinahe nicht einmal, daß meine Füße den Erdboden berührten. Solange die Verzückung währt, ist der Leib wie tot, so daß ihm gar oft jede Tätigkeit unmöglich ist; und wie ihn die Verzückung überfällt, sitzend, mit offenen oder geschlossenen Händen, so bleibt er in ihr beständig. Selten jedoch verliert man den Gebrauch der Sinne, wiewohl es bei mir schon einigemal, wenn auch selten und immer nur auf kurze Zeit, der Fall war, daß ich ihn gänzlich verlor; gewöhnlich sind sie nur verwirrt, und obschon man unfähig ist, nach außen etwas zu tun, so hört und vernimmt man doch wie von der Ferne ...

Im Zustande der Verzückung ist also die Fähigkeit des Leibes,

aus sich selbst etwas zu tun, sehr gering; wenn aber die Seelenkräfte sich wieder vereinigen, geht dies um so leichter vor sich. Darum soll der, dem der Herr die Gnade der Verzückung erweist, sich nicht betrüben, wenn er sieht, daß sein Leib viele Stunden lang so gebunden ist, während Verstand und Gedächtnis dabei öfter zerstreut sind. Gewöhnlich besteht hier die Zerstreuung in nichts anderem, als daß die genannten Kräfte in das Lob Gottes versenkt sind, oder daß sie sich bemühen, das zu erfassen oder zu erkennen, was mit ihnen vorgegangen ist . . .
War der Leib vorher auch ganz krank und voll großer Schmerzen, so ist er nachher oftmals gesünder und rüstiger als sonst; denn die Wirkung der Verzückung ist groß, und der Herr will zuweilen, daß, wie gesagt, auch der Leib diese Wirkung genieße, weil er jetzt den Wünschen der Seele so willig sich fügt. Kommt die Seele wieder zu sich, so ist sie, wenn die Verzückung stark war, einen, zwei, wohl auch drei Tage lang wie verblüfft, da die Vermögen so von Staunen hingerissen sind, daß es den Anschein hat, die Seele sei nicht bei sich.«[9]

Ich sage keineswegs, daß Menschen, denen das geschieht, so heilig sind wie die heilige Theresia. Sie selbst sagt, diese Gaben seien oft den Schwachen gegeben, weil Gott sie an sich ziehen möchte.

Wenn Menschen im Geist ruhen, so ist ihr Zustand sehr unterschiedlich. Einige können aufstehen, aber sie möchten gern liegenbleiben und beten. Andere sind unfähig aufzustehen, und doch wissen sie genau, was um sie her vorgeht. Wieder andere sind derart von einer inneren Wirklichkeit gefangen, daß sie nicht wahrnehmen, was um sie herum vorgeht.

Der Grad innerer Erfahrung ist auch sehr unterschiedlich. Er reicht von der Tatsache, daß jemand einfach Ruhe findet, ohne daß innerlich viel vorginge, bis zur Aufnahme in den siebten Himmel, wie es Paulus geschah, oder bis zur Vision der heiligen Dreieinigkeit.

Durch Gebet kann sich die Kraft des Geistes in einem Menschen noch verstärken wie ein Glas, das man füllt. An einem bestimmten Punkt angekommen ist es randvoll, und der Mensch fällt. Diese Erfüllung braucht gewöhnlich etwas Zeit, manchmal bis zu drei

---

[9] *Das Leben der heiligen Theresia von Jesu*, a.a.O., S. 189ff.

oder vier Minuten. So scheint es hilfreich, wenn jemand nicht sofort fällt, sondern wartet, bis er soviel Kraft wie möglich bekommen hat, und dann so lange ruht, wie es richtig scheint.[10] Zumindest bei unseren Treffen geschieht das *Ruhen im Geist* immer friedlich und dezent.

Ich habe allerdings auch Dokumentarfilme von verschiedenen Pfingstkirchen gesehen, wo Menschen zu Boden fallen und sich wälzen und zucken. Ich weiß nicht, was bei diesen Treffen vor sich geht, mir war durchaus nicht wohl dabei. Vielleicht jeder zehnte, für den wir beten, fängt an zu weinen, oder es gibt sonst einen seelischen Ausbruch. Solche Zwischenfälle lassen mich vermuten, der Geist habe die Notwendigkeit seelischer Heilung oder Befreiung aufgezeigt. Die Notwendigkeit seelischer Heilung zeigt sich gewöhnlich in Tränen, die oft jahrelang ungeweint blieben. Spricht man mit jemandem eine Zeitlang, dann geschieht diese seelische Heilung gewöhnlich leichter, als wenn die Kraft des Heiligen Geistes nicht so deutlich gegenwärtig gewesen wäre. Ist Bedrängung durch böse Geister gegeben, so stört die Kraft des Geistes sie gelegentlich auf. Sie können der Kraft des Geistes nicht standhalten, daher kommen sie zum Vorschein. Geschieht das, so kann man in einen anderen Raum gehen, wo wir genügend Ruhe haben, mit dem Betreffenden zu sprechen und die Befreiung abzuschließen. Alles, was nicht einfach und friedlich ist, ist nicht direkte Wirkung des Heiligen Geistes, sondern *Reaktion* der verwundeten Natur oder der Kräfte des Bösen.

Als ich im Sommer 1975 in der Westminster Hall in London zur

---

[10] Nicht das Fallen scheint wichtig, sondern die Erfüllung mit der Kraft des Heiligen Geistes. Manchmal fällt jemand überhaupt nicht, aber die Wirkung ist dieselbe, wie der folgende Brief zeigt: »Ich dachte wirklich, ich würde nie so ›hysterisch‹ reagieren wie einige vor mir in der Kapelle: mit Hinfallen und Tränen. Ich bin einfach nicht hysterisch. Jedoch als ich Sie bat, für mich zu beten, durchströmte mich Feuer, Kribbeln in den Adern, Zittern wie von zu hohem Blutdruck und Knieschlottern. Hätten Sie ein bißchen länger gebetet, wäre ich auch gefallen. Ich bin wie benommen, schwankend, weinend gegangen, um ruhig und dankbar in der Kapelle zu sitzen. Viertel vor zwölf mußte ich dann gehen. Die meiste Zeit habe ich gebetet, meistens in Staunen und Dankbarkeit über Gottes unendlich große Gabe, besonders die Gabe seiner selbst. Es ging die ganze Nacht weiter, in demselben Zustand befand ich mich dreimal längere Zeit... Auch heute bleibt mir noch der Eindruck seines Mit-mir-Seins und meiner totalen Hingabe an ihn. Es ist jetzt vier Uhr nachmittags.«

Fountain Trust Conference ging, hielt mich eine junge Frau auf. Nachdem sie sich als Amerikanerin vorgestellt hatte, bat sie mich um Gebet für Innere Heilung. Ich erklärte ihr, daß wir vor dem Vortrag nicht genug Zeit hätten. Als wir in die Halle kamen, bemerkte ich einen großen Nebenraum. Ich fragte sie und ihre Begleiterin, ob wir in der verbleibenden Zeit kurz beten sollten. Vielleicht würde der Herr etwas Außergewöhnliches tun, wenn wir kurz in Sprachen beteten. Gott wußte ja, wie begrenzt unsere Möglichkeiten waren. Sie war sehr bereit zum Gebet, und wir verschwanden in den Nebenraum. Ich betete kurz, sie wurde vom Geist überwältigt, was sie und ihre Freundin überraschte. Aber dann begann sie zu zittern und zu stöhnen; eine Befreiung hatte begonnen. Das Gebet dauerte zwei Stunden. Wir kamen heraus, als die Menge den Saal verließ. Wir hatten den Vortrag versäumt, aber sie war von Angst und Problemen befreit, die sie seit Jahren geplagt hatten. Ihr Vater, ein Pastor, schrieb mir drei Monate später, daß seine Tochter eine außerordentliche Wandlung durchgemacht habe.

Aufgrund dieser Erfahrungen bin ich zur Einsicht gekommen, daß Überwältigtwerden vom Geist so hilfreich im Heilungsdienst sein kann, wie ich es bei Evangelisten niemals erlebt habe. Halte ich es für angebracht, weil ich nicht genug Zeit habe für das vollständige Gebet um Innere Heilung oder Befreiung, so erkläre ich kurz, was *Ruhen im Heiligen Geist* bedeutet, so daß niemand erstaunt ist, wenn es ihm geschehen sollte. Dann bitte ich Jesus still, den Betroffenen mit Leben und Kraft zu erfüllen. Wenn es dann geschieht, kann der Mensch so lange ruhen, wie er will – von einigen Sekunden bis zu mehreren Stunden. Steht er wieder auf, so kann ich mit ihm reden und ihn fragen, was geschehen ist und ob mehr Gebet notwendig ist.

GEFAHREN

Natürlich kann es bei alldem Probleme geben, vor allem, weil es so sensationell aussieht und Menschen es so wenig verstehen.[11]

---

[11] In dem bereits erwähnten Artikel spricht Pater George Maloney von der Gefahr, die Erfahrung mehr zu suchen als Gott. Ich finde, man kann das nicht trennen; meist suchen die Menschen eine Gottes-Erfahrung, und die Gottesliebe wächst durch die Erfahrung. Der folgende Brief scheint typisch: ». . . Ich erlebte einen

Auch als die Sprachengabe noch relativ neu war, hat sie die Menschen beeindruckt. Die Sensationslust kann also leicht überhandnehmen. Wird *Ruhen im Geist* bekannter, so wird hoffentlich der Sinn deutlicher, und es wird kein Erstaunen mehr hervorrufen. Man löst die Probleme sicher nicht dadurch, daß man *Ruhen im Geist* einfach unterdrückt. Damit gingen Wert und Sinn für die Gemeinschaft verloren. Man muß behutsam damit umgehen, bis es so gut verstanden wird, daß die Sensation ausbleibt. Auch Sprachengebet gilt bei Charismatischen Gebetstreffen als selbstverständlich. Bis dahin aber (und auch später) bleiben einige echte Probleme.

1. Sensationslust: Anstatt auf Jesus zu schauen, wollen die Menschen das Sichtbare und Greifbare. Wenn links und rechts jemand umfällt, entsteht eine Zirkusatmosphäre, die auf jeden besonnenen Christen störend wirkt. Nach einem Treffen mit einer Evangelistin, die große Freude daran hatte, die Leute fallen zu sehen, sagte mir eine jüdische Beobachterin, ihr erscheine das wie Hexerei. Die Zeitungen helfen auch nicht gerade weiter. Reporter neigen dazu, Äußerlichkeiten herauszugreifen und sie lang und breit zu beschreiben und alles eher Gewöhnliche an einem Treffen zu übergehen. Ich mache den Journalisten keine Vorwürfe. Sie halten Ausschau nach dem Mitteilenswerten, Besonderen, Augenfälligen. Aber das Gleichgewicht kann dadurch gestört werden, sowohl beim Treffen selbst als auch in der Berichterstattung für jene, die nicht dabei waren.

2. Es ist nicht immer ein Zeichen des Geistes: Es gibt parapsychologische und natürliche Parallelerscheinungen zum *Ruhen im Geist.* Es wäre also ein Fehler, leichthin zu urteilen (was, wie ich fürchte, geschieht):

tiefen Frieden, und es schien mir, als schwebte ich. Ich war ganz vom Heiligen Geist überwältigt. Nie habe ich Jesus so schön erlebt. Meine Beziehung zu Jesus ist gewachsen. Ich lebe in einem neuen Bewußtsein seiner Gegenwart, in der Schule, zu Hause, unterwegs. Ich weiß, das war nicht als einmalige Erfahrung gemeint. Ich soll mir seiner Gegenwart andauernd bewußter werden.«

Pater Maloney warnt ebenfalls davor, Hysterie und natürliche Suggestionsfähigkeit mit der Wirkung des Heiligen Geistes zu verwechseln. Das ist eine echte Gefahr. Bei unseren Treffen herrscht immer großer Frieden, das Empfinden der Gegenwart Gottes wird gestärkt. Kurz, die Früchte sind gut. Erregungen und Störungen kommen gewöhnlich von einzelnen, die seelisch oder geistig gestört sind. Mit ihnen kann man persönlich sprechen.

a) Ein Treffen wäre geisterfüllter, wenn *Ruhen im Geist* geschieht.

b) Ein Geistlicher wäre geisterfüllter, durch dessen Hände Menschen vom Geist überwältigt werden. Einige, durch die das geschieht, haben mir als Menschen keinen besonderen Eindruck hinterlassen. Ein Pastor, dessen Lehre ich für zum Teil unrichtig halte (er bittet Katholiken, die in seine Kirche kommen, ihre Statuen zu zerschlagen und ihre Rosenkränze zu zerreißen), hält einen echten Heilungsdienst, bei dem Menschen oft vom Geist überwältigt werden. Katholiken verwirrt das, denn sie meinen, um diese Werke der Kraft zu vollbringen, muß Gott mit ihm sein, muß also auch seine Lehre wahr sein.

Wenn ich für Menschen bete, geschehen ähnliche Zeichen. Aber ich glaube nicht, daß alles, was ich sage, deswegen *notwendig* wahr ist. Die Rechtgläubigkeit meiner Predigt ist unabhängig davon und bleibt dem Urteil der Kirche und der Gemeinde unterworfen.

c) Ein vom Geist Überwältigter wäre geisterfüllter als jemand, dem das nicht geschieht. Freunde von mir, die während des Gebetes nicht vom Geist überwältigt wurden, scheinen mir dem Herrn sehr nahe. Vielleicht geschah es ihnen nicht, weil sie schon zu vertraut waren mit der Kraft des Heiligen Geites. Die heilige Theresia von Avila sagt, sie habe sich an die Kraft des Geistes so gewöhnt, daß die körperlichen Erscheinungen abnahmen, während sich ihr Gebetsleben vertiefte.

Der selige Heinrich Seuse, ein dominikanischer Mystiker des 14. Jahrhunderts, schreibt (vermutlich über eine eigene Vision):

»*Ein frommer Mann bat Gott, ihm die Gunst eines Festes des Geistes zu erweisen. In einer Vision kam der dreißigjährige Christus in das Zimmer des Mannes, bat ihn um ein Glas Wein und bot drei Menschen, die mit ihm gekommen waren, etwas zu trinken an. Der erste trank, sank wie ohnmächtig zu Boden, der zweite wurde leicht berauscht, auf den dritten hatte es gar keine Wirkung. Christus erklärte ihm dann, dieses Geschehen bedeute die verschiedenen Wirkungen göttlicher Tröstung auf den Anfänger, den Fortgeschrittenen und den vollkommenen Christen.*«[12]

Es scheint also, daß Menschen, die mit geistigen Erfahrungen vertraut sind, weniger vom Geist überwältigt werden. Kritiker

---

[12] Heinrich Seuse, aus seinem *Exemplar*.

sagen, am leichtesten fallen leicht beeinflußbare Menschen, zum Beispiel Teenager. Das ist bestimmt richtig. Ein Teenager wird sicher leichter fallen als eine siebzigjährige Ordensfrau.

Aber ganz so einfach ist es auch wieder nicht. Im allgemeinen wird ein für den Geist offener Mensch, ob reif oder unreif, eher im Geist ruhen. Reife oder Unreife zeigen sich nicht daran, ob er fällt oder nicht, sondern wie er reagiert. Der Reife ruht in Frieden und Gelassenheit, der Unreife reagiert mit einer gewissen Erregung, wie etwa Gelächter oder Freude. Mir scheint es vorteilhaft, einer zu sein, der im Geist ruhen kann. Es kommt nicht nur darauf an, wie offen man für Suggestion ist, obwohl bei einigen auch das mitspielen kann. Viele wehren sich dagegen, überwältigt zu werden, ist aber die Kraft sehr stark, so fallen sie doch.

Wer sich übermäßig beherrscht, scheint dies Geschehen zu hindern; er hat wirklich Angst, sich loszulassen. Das scheint eher ein seelisches als ein geistiges Problem: die Angst vor allem, was nicht mit dem Verstand zu kontrollieren ist. Die Reife scheint vorhanden, aber durch die übermäßige Beherrschung scheint die Spontaneität verloren.

Jedes Pauschalurteil über Menschen, die vom Geist überwältigt werden, wäre töricht. Einige fallen, weil sie unreif sind und nach irgendeiner Erfahrung suchen, andere wehren sich dagegen zu fallen, weil sie gehemmt (also auf andere Weise unreif) sind. Noch andere werden vom Geist überwältigt, weil sie offen dafür sind. Wieder andere fallen nicht, weil sie Gott so nahe sind, daß es nichts mehr gibt, das sie zum Fallen bringt. Wer dem Herrn sehr nahe ist und empfänglich für Eingebungen des Geistes, ruht oft im Geist während unserer Treffen. Auch hier gilt letztlich: »Richtet nicht, auf daß ihr nicht gerichtet werdet.«[13]

---

[13] »Im Hinblick auf diese Liebestrunkenheit sollte man sehr vorsichtig sein, die Wirkung dieses Gebetes vollkommener Ruhe nicht zu verwechseln mit einer rein natürlichen Erregung und Sentimentalität, welche man bei enthusiastischen und beeindruckbaren Individuen findet. Selbst wenn das Phänomen echt ist, sollte durch diese Erfahrung die Seele sich nicht willentlich gehenlassen, sondern sollte bemüht sein, sie zu beherrschen und zu dämpfen. Vor allem sollte niemand dieses Phänomen als Zeichen nehmen, daß er im geistlichen Leben schon weit fortgeschritten ist, sondern sollte sich vor Gott verdemütigen und niemals beten, um von Gott Tröstungen zu empfangen« (Antonio Royo, *The Theology of Christian perfection*, Dubuque 1964, S. 545).

3. Stolz: Bei Treffen, wo ich sehr viel *Ruhen im Geist* erlebt habe, schienen mir jene, die nicht von selbst umfielen, gestoßen worden zu sein. Wenn ich bete, und einer nach dem andern fällt, und dann plötzlich bleibt einer stehen, frage ich mich auch: »Warum fällt der nicht?« Es ist so leicht zu urteilen – und nach Erfolg zu heischen!

Stehen die Menschen in mehreren Reihen, und ich schaue hinüber zu den anderen Reihen, so vergleiche ich fast instinktiv. Geschieht äußerlich bei den anderen mehr, so kann ich unbewußt neidisch werden, auch wenn ich auf der bewußten Ebene glaube, daß alles, was ich früher über dieses Phänomen geschrieben habe, kein Zeichen für meine Heiligkeit oder die Heiligkeit derer ist, für die ich bete. Es fällt mir schwer, das zu bekennen, aber, wie der heilige Franz von Sales sagt, der Stolz wird uns erst fünfzehn Minuten nach unserem Tod verlassen. Wegen dieser Versuchung zur Eitelkeit kann der Mittler der Heilung innerlich eine Art psychischer Kraft dazu einsetzen, daß jemand fällt. Das mag seine Wirkung haben, aber es ist nicht von Gott. Bei jedem Dienst muß ich darum zunächst für mich und andere um Befreiung von jedem geistigen Ehrgeiz beten, so daß ich mich auf keinerlei eigene Anstrengung oder seelische Energie verlasse. Manch einer mag im Heilungsdienst mehr mit psychologischen Kräften arbeiten als mit der Kraft des Heiligen Geistes.

4. Nicht jeder wird geheilt: Wer nach Heilungsgebet im Geist ruht, ist nicht immer geheilt. Er kann Frieden oder eine tiefe Gottesvereinigung erfahren haben. Aber das alles *muß* nicht heißen, daß er körperlich oder seelisch geheilt ist. Nach allem, was ich darüber geschrieben habe, warum Menschen *nicht* geheilt werden, brauchte das kaum noch gesagt werden. Aber so viele sind enttäuscht, wenn sich Erwartungen nicht sofort erfüllen, daß man ihnen helfen muß, den inneren Segen und Frieden anzunehmen, den sie durch *Ruhen im Geist* empfangen haben – und nicht ihren Segen dadurch zu verlieren, daß sie Angst haben oder falsche Schuldgefühle, weil sie nicht noch anderes empfangen haben.

Dennoch ist *Ruhen im Geist* ein Zustand, in dem es *wahrscheinlich* ist, daß ein Mensch innere oder körperliche Heilung empfängt. Manchmal scheint es wie eine Operation, bei der der Mensch für Gottes chirurgischen Eingriff stillgelegt wird. Zuweilen ist es eine Blitzoperation, ein anderes Mal dauert sie mehrere Stunden.

WARUM ÜBERHAUPT DARÜBER REDEN?

Ich muß gestehen, daß ich mir beim Schreiben dieses Kapitels etwas lächerlich vorkomme. Einige Leser, die es nicht erlebt haben, wie Menschen vom Geist überwältigt werden, denken vielleicht, ich habe zu viel Zeit auf dieses ungewöhnliche Thema verwandt, denn schließlich ist es doch eine Begleiterscheinung. Aber wie so vieles, das bisher ungewöhnlich und auf bestimmte Persönlichkeiten im kirchlichen Dienst beschränkt war, breitet sich auch *Ruhen im Geist* innerhalb der Charismatischen Erneuerung der katholischen Kirche aus. Offenbar werden diese und andere Gaben für die *ganze* Gemeinschaft gegeben und nicht nur für Einzelne. Weil bisher so wenig über *Ruhen im Geist* geschrieben worden ist, schien es mir wichtig, einige Gedanken darüber mit all jenen auszutauschen, die es in ihrem Dienst erleben.

Ich habe alle möglichen Arten der Heilung geschehen sehen, während Menschen im Geist ruhten, von der körperlichen Gesundung bis zur tiefsten geistigen Wandlung. Ich möchte schließen mit zwei Zeugnissen von einer körperlichen Heilung und einer geistigen Wandlung, die seelische und körperliche Heilung mit einschloß.

1. »Nach dieser Erfahrung waren alle Schmerzen, alle Muskelkrämpfe, alle Spannungen und jeder Druck in Kopf, Nacken, Armen, Schultern, oberem und unterem Rücken und im rechten Bein ganz vergangen. Während der folgenden fünf Tage war ich absolut beschwerdefrei. Es war die längste Zeit der Schmerzfreiheit seit dem Unfall vor elf Jahren. Seit jenen fünf Tagen haben sich Spannungen und Druck, die zur Schmerzbildung führen, wieder eingestellt. Aber die Schmerzen haben nachgelassen – wie auch all die anderen Symptome. Mein Mann und ich beten jeden Tag um die weitere Zunahme Seiner heilenden Kraft. Manchmal schwindet der Schmerz nach dem Gebet vollständig. Mein Arzt, Orthopäde und Chirurg, der mich seit anderthalb Jahren alle vierzehn Tage sieht, bestätigte mir vorige Woche eine hundertprozentige Besserung des Zustandes in allen Bereichen. Seit ich zu ihm gehe wegen Muskelverkrampfungen und Bandscheibenverschiebungen im Bereich der Lenden- und Halswirbelsäule, die zu Nervenlähmungen in Armen und Beinen führten, war erstmals alles an seinem Platz!

Die erste und zweite Muskelschicht waren soweit entspannt, daß er zum ersten Mal die am stärksten beschädigte dritte Muskelschicht in Nacken und Schultern erreichen und behandeln konnte! Ein eingequetschter Nerv, der bisher jeder Behandlung trotzte, war geheilt, und ich konnte dadurch den rechten Daumen wieder brauchen.

Der Arzt sagte von meiner Erfahrung, irgendwie wäre sie die Quelle beschleunigter Heilung. In den folgenden fünf Tagen wäre der Körper gelehrt worden, wie er sich von Krämpfen usw. befreien könne. Der Arzt meint, alles werde nun schneller und vollständiger heilen, als vorher anzunehmen war.«

2. *»Als ich kam, Sie um Heilung zu bitten, wußte ich, daß ich Innere Heilung brauchte, ja eigentlich alle vier in Ihrem Buch erwähnten Heilungsarten. Besonders aber ging es mir um Innere Heilung und Befreiung. Ich war derart belastet und von Schmerzen niedergedrückt, daß ich nicht mehr geradeaus sehen und klar denken konnte. Ich wußte nur noch, daß ich von Schmerzen erfüllt war und innerlich blutete.*

Wenn ich nur daran denke, wieviel Dreck und Chaos in mir war! Meine Sünden erdrückten mich und schienen mich um den Verstand zu bringen! Ich zweifelte sogar an meinem Verstand! Die Heuchelei meines Lebens überwältigte mich fast, nach außen lächelte ich und sagte, alles ist in Ordnung – und tief innen bestand ich nur noch aus Schmerz.

Jetzt fühle ich mich leicht und frei, freier als die Vögel, die mit einer unwahrscheinlichen Geschicklichkeit vor meinem Fenster singen. Ich bin froher als ihr Gesang, glücklich zu leben, sooo glücklich. Ich brauche anderen nichts mehr vorzumachen. Ich bin frei, ich selbst zu sein, frei, mich zu bewegen – und vor allem frei, jeden Menschen zu lieben, besonders die, mit denen ich lebe. Wie herrlich ist es, wieder mit Jesus zusammenzusein! Jetzt weiß ich auch, was es bedeutet, Ordensfrau zu sein, für Jesus und für ihn allein berufen zu sein. Welche Freude, ganz für ihn dazusein!«

Anhang
WANN SOLLEN WIR BETEN?

Am schwierigsten ist es, im Glauben vom Heilungsgebet Großes zu erwarten. Hat man einmal diesen Glauben, so ist die nächstgrößte Schwierigkeit, Zeichen zu erkennen, *nicht* um die Heilung von kranken Freunden und Verwandten zu beten.

Von einer Arbeit zum Thema war ich so beeindruckt, daß ich sie in dieses Buch aufnehmen möchte, um die darin enthaltene Erfahrung weiteren Kreisen zugänglich zu machen. Es ist die Unterscheidung von *logos*, dem objektiven Wort Gottes als allgemeinem Prinzip, und *rema*, dem subjektiven Wort Gottes an mich als Aufforderung zum persönlichen Handeln. Die Verwechslung zwischen beiden führt zu vielen Pastoral-Problemen, wenn man »seine Heilung verlangt«, bevor Gott zu einem gesprochen hat.

GLAUBE ODER ANMASSUNG

Von Charles Farah jr.[1]

In allen christlichen Kirchen sind Menschenleben durch schlechte Theologie zerstört worden. Sie sagt unter anderem: Wunder sind nicht für heute; der Feind kann dem Christen nichts anhaben, ihm ist der Zugang verwehrt; jeder, für den gebetet wird, muß geheilt werden, denn die einzige Voraussetzung zur Heilung ist der Glaube.

Hören wir zunächst einen Klassiker schlechter Theologie:

---

[1] Dr. Charles Farah jr., Professor für Theologie und Geschichte an der Oral Roberts Universität, promovierte in Philosophie an der Universität Edinburgh, Schottland. Er ist Direktoriums-Mitglied des *Christian Renewal Ministry* seit seiner Gründung.

»Darauf nahm ihn der Teufel mit in die heilige Stadt, stellte ihn auf die Zinne des Tempels und sagte zu ihm: ›Wenn du Gottes Sohn bist, so stürze dich hinab, denn es steht geschrieben: Seinen Engeln wird er befehlen, und sie werden dich auf Händen tragen, damit du deinen Fuß an keinen Stein stoßest.‹« (Mt 4,5–6)

An dieser Schriftstelle sehen wir, wie der Feind Jesus versucht. Satan, der Herr aller Versuchung, hatte Zugang zu jeder denkbaren Versuchung, zu den Sünden des Fleisches genauso wie zum geistigen Hochmut. Aber er wählte die Sünde der *Anmaßung*. Es ist merkwürdig, daß wir nicht mehr über die Sünde der Anmaßung sprechen und hören. Sie ist eines der Hauptprobleme des Leibes Christi.

Der Teufel sagte: »Wenn du der Sohn Gottes bist, dann beweise es und spring vom Tempel hinunter!« Das aber war ein Kurzschluß, nämlich eine Weise, den spontanen Beifall des Volkes zu finden. Jesus war in die Verteidigung gedrängt. Satan wußte, die Stärke Jesu war das Wort Gottes. So wählte er einen Text als Beweis für seine Aussage: »Seinen Engeln wird er befehlen, und sie werden dich auf Händen tragen.« Das ist die Sünde der Anmaßung.

Gott sei Dank gibt es eine gesunde Tradition, die besagt, man braucht mehr als *einen* Schrifttext, nämlich den *ganzen* Ratschluß Gottes. Um uns recht führen zu lassen, müssen wir *alles* wissen und verstehen, was Gott über ein Thema zu sagen hat. Der Teufel kennt die Bibel vor- und rückwärts, und er weiß, wie er uns in Verlegenheit bringt.

Man bemerke, wie sorgfältig der Teufel Psalm 91,11–12 zitiert. Er sagt nämlich: »Seinen Engeln wird er befehlen« und läßt den folgenden Satz aus: »Um dich auf all deinen Wegen zu behüten.« Dieser Zusatz legt den Vers dahingehend aus, daß Gott uns auf all unseren *gewöhnlichen* Lebenswegen beschützen wird. *Ohne* diesen Nachsatz kann Satan ihn in eine allgemeine Aussage umwandeln und sagen: »Du kannst auf den Tempel klettern und herunterspringen und erwarten, daß Gott dich auffängt.«

Satan wollte Jesus und auch uns glauben machen, er könne alles tun, was er wolle, und Gott werde in allem für ihn sorgen müssen. Der Herr hat vielen von uns zugestanden, mit unseren Fehlern zu leben. Doch wir müssen auch erkennen, daß Gottes Schutz sich nicht notwendig auf *alle* Situationen bezieht.

Der Sünde der Anmaßung steht die Sünde des Unglaubens gegenüber. Zwischen beiden steht der Glaube. Jesus lebte im Bereich des Glaubens. Als der Teufel ihn versuchte, antwortete Jesus, der den *ganzen* Ratschluß Gottes kennt: »Es steht auch geschrieben: ›Du sollst den Herrn, deinen Gott, nicht versuchen‹« (Mt 4,7). Er sagt damit, sich selbst vom Tempel zu stürzen wäre gleichbedeutend mit der Sünde der Anmaßung, nämlich Gott, den Herrn, zu versuchen. Nicht einmal der Sohn Gottes hatte das Recht dazu.

Wie oft machen wir uns schuldig, den Advokaten des Teufels zu spielen, wenn wir Menschen sagen, sie sollen vom Tempel springen: »Ich habe für Sie gebetet, nehmen Sie jetzt die Brille ab, Sie sind geheilt. Es ist ganz gleich, ob in Ihrem Führerschein steht, daß Sie eine Brille tragen müssen, und ob Sie jetzt noch nicht richtig sehen können.« Oder: »Weil wir für Sie gebetet haben, sind Sie von Ihrer Zuckerkrankheit geheilt. Nehmen Sie Ihr Insulin *nicht* weiter, auch wenn die Symptome bleiben. Die Symptome lügen.« Ich habe solche »verlogenen« Symptome zu harter Wirklichkeit werden sehen, die der Sache Christi großen Schaden zugefügt hat. Deswegen müssen wir den *ganzen* Ratschluß Gottes verstehen lernen.

REMA UND LOGOS

Es gibt zwei griechische Worte, die vielleicht etwas mehr Licht auf den Unterschied zwischen Glauben und Anmaßung werfen. Das eine ist *rema*, das andere *logos*. Beide sind im Neuen Testament mit »Wort« übersetzt. Karl Barth unterscheidet zwischen »Wort Gottes *an dich*«, das ist *rema*, und »Wort Gottes, das allgemein gilt«, das ist *logos*.

Frei zitiert besagt Römer 10,17: »So kommt also der Glaube vom Hören und das Hören vom Wort Christi.« Im Griechischen ist es das *rema* Christi, das heißt, das Wort Gottes *an mich*. Lassen Sie mich an einem Beispiel zeigen, was das bedeutet. Wie viele von Ihnen sind Christen geworden, als Sie zum ersten Mal das Evangelium hörten? Ich wage zu sagen, Sie haben es oft gehört, bevor Sie sich bekehrt haben. Eines schönen Tages aber hat Gott ein Wort *an Sie* gerichtet, das Ihnen einging: *logos* wurde zu *rema*.

Die Bibel, die Zehn Gebote, die Evangelien sind *logos*, *allgemei-*

nes Wort Gottes an *alle* Menschen. Jesus Christus ist der endgültige *logos* an alle Menschen immer und überall. Er ändert sich niemals, er ist derselbe gestern, heute, morgen. Bevor aber der *logos* uns etwas Gutes tun kann, muß er zum *rema* werden. Einige von Ihnen haben vielleicht die Bibel gelesen, aber sie hat Ihnen nichts bedeutet. Das war *logos*. Eines Tages aber wurde sie lebendig: Sie waren betroffen – das war *rema!*

Wir können das auf drei Bereiche anwenden, die den Gläubigen auf der Suche nach Gleichgewicht empfindlich stören können: Weisung, Heilung und Prophetie.

WEISUNG

Wir haben es noch nicht weit gebracht im christlichen Leben, solange wir nicht erkannt haben, daß ein Wort des Herrn an *uns* nicht notwendig für *alle* zu gelten braucht. Gottes Weisung an *mich* ist eine andere als die an meine *Freunde*.

Es gibt zwei wunderbare Beispiele dafür im Neuen Testament. Das erste ist Mattäus 14,22–33: Petrus wandelt über den See. Die Jünger hatten einen harten Arbeitstag mit der Volksmenge hinter sich. Gegen Abend hieß Jesus sie über den See nach Hause fahren. Er selbst ging beten. Das Boot geriet in einen Sturm. Die Jünger ruderten, kämpften, blieben aber machtlos gegen Wind und Wellen.

Um drei Uhr morgens tauchte gar ein Geist auf. Die Jünger hatten panische Angst. Sie schrien vor Furcht. Jesus aber sagte: »Fürchtet euch nicht! Ich bin es.« Da wurde Petrus etwas wagemutiger und rief: »Herr, wenn du es bist, sag mir, daß ich zu dir kommen soll!« (Petrus dachte wohl nicht ernstlich daran, über das Wasser zu gehen, aber er rief eben doch). Jesus antwortete ihm: »Komm!« Genau darauf kommt es an in der Geschichte: *Wer* kam zu Jesus über das Wasser? Petrus und niemand anders. (Vermutlich waren die andern ganz froh, ihn allein gehen zu lassen!) Als Jesus sagte: »Komm«, war das deutlich ein *rema* für Petrus – und niemand anders.

Der zweite Text bezieht sich auch auf Petrus (Joh 21,18–22). Sehen wir uns kurz diese Stelle an: Eines Morgens nach seiner Auferstehung ist Jesus mit den Jüngern am See Gennesaret. Beim Frühstück wendet Jesus sich Petrus zu und sagt: »Ich habe ein

Wort für dich: Der Tag wird kommen, an dem du gekreuzigt wirst, und du wirst es nicht wollen. Folge mir nach!«

Petrus fragt Jesus: »Und Johannes?« Jesus antwortet ihm: »Johannes geht dich nichts an, *Du* folge mir nach!«

Das Wort Jesu an Petrus war kein *rema* für Johannes. Jesus hatte ein Wort für jeden. Sie brauchten nur ihrem Hirten zu folgen. Die Weisung für dich und mich braucht nicht dieselbe zu sein. Gemeinsam ist uns das Hören auf die Stimme des Hirten.

Bei meinem Aufenthalt in Schottland lernte ich, wie dumm Schafe sein können. Es ist wirklich kein Kompliment, »Schaf« genannt zu werden! Sie verfangen sich in Hecken und Zäunen. Springt eines von einer Klippe herunter, springen die übrigen hinterher. Bei aller Dummheit aber folgt die Herde der Stimme des Hirten. Es ist die Stimme des Herrn, die wir hören lernen müssen, wenn es um Weisung geht.

Das kann Gottes Wort sein *(logos)*. Aber ist es Gottes Wort an *mich (rema)*? Wir können den Herrn drängen: »Herr, es ist *dein* Wort. Du *mußt* es tun. Es steht in der Schrift!« Genau das hat der Teufel gesagt: »Es steht in der Schrift, Jesus! Wenn du der Schrift glaubst, wirst du vom Tempel springen!« Wir können unseren Glauben höher stellen als Gott. Wir können sagen: »Gott, es steht ja in der Schrift, also muß es geschehen!« Sie werden entdecken, wie ich auch, daß es nicht immer geschieht. Ich habe mit Gott gerungen, wenn nicht alles nach Schema ging. »Gott, wenn ich einen Sohn hätte, der sein Möglichstes getan hat – ich hätte ihn nicht behandelt wie du mich.« Dabei vergaß ich, *wie* Gott seinen Sohn behandelt hat. Wie Gott mit uns umgeht, ist vielleicht nicht immer »fair«.

Der Ruhm des Menschen ist es, aufrecht zu gehen, in den Himmel zu starren und mit seinem Schöpfer zu rechten. Aber der Ruhm des Menschen kann auch sein, Fehler zu machen wie Hiobs Theologen. Sie engten Gott mit ihren kleinen logischen Schlüssen ein. Sie sagten: »Ein gottgleicher Mensch leidet nicht. Hiob, du leidest, also bist du nicht gottgleich.« Das ist schlechte Theologie! Vor Formeln habe ich eine tödliche Angst! Wissen Sie, wie es mit Hiob und seinen Freunden endete? Als Hiob Gott sah, sagte er: »Jetzt sieht dich mein Auge. Ich verabscheue mich selbst, und *bekehre* mich in Sack und Asche.« Da sagte Gott zu Hiob: »Bring mir ein Opfer für deine Freunde. Voller *Anmaßung* haben sie wider mich gesündigt.« Die Sünde der Anmaßung besteht darin, Gott in die Käsekästchen *unserer* Logik zu sperren.

Ich habe eine Zeitlang mit dem Buch Hiob gelebt. Gott wollte nichts, als nur seine Allmacht verkünden. Der Schlüssel zum Buch Hiob ist Hiob 33,12. Dort steht ganz einfach: »Gott ist größer als der Mensch«. Gott tut, was er will, niemand kann ihn hindern.

Wir müssen unseren Platz unter der Allmacht Gottes verstehen. Als Jesus in Getsemani am Ende war, kniete er nieder und betete. Wenn wir als Christen niederknien und um Weisung bitten, können wir nicht einfach sagen: »Ist das fair?« oder »Warum geschieht das *mir*?« Wir müssen fragen: »Was ist dein Wille, Herr?« Wenn wir dahin kommen, wohin Jesus in Getsemani kam, dann müssen auch wir uns beugen und sagen: »Nicht wie ich will, sondern wie du willst.«

HEILUNG

Heilung hat zu ernsthaften Problemen geführt, weil vieles nicht so geht, wie es soll. Manchmal werden Menschen geheilt, manchmal nicht.

Argumentiert wird etwa so: »Führt Versöhnung zu Heilung?« »Unsere Krankheiten hat er getragen, unsere Schmerzen hat er auf sich geladen. Wir hielten ihn für einen Geschlagenen, den Gott getroffen und gebeugt hat. Er wurde um unserer Sünden willen zerschlagen für unsere Missetaten, zu unserem Frieden lag die Strafe auf ihm. Durch seine Striemen ist uns Heilung geworden« (Jes 53,4). Heilung geschieht also in der Versöhnung! Und schon wird Gott durch die Käsekästchen unserer logischen Schlüsse eingeengt. Die sehen dann etwa so aus: »Heilung geschieht in der Versöhnung. Glaube ist der Schlüssel, der die Heilung Jesu erschließt. Weil ich für dich im Glauben gebetet habe, bist du geheilt – nicht wahr?« Nicht notwendigerweise! Zu Heilung gehört nämlich noch einiges mehr.

Es ist tragisch, wie viele Kinder Gottes wir verurteilen, indem wir ihnen sagen: »Sie sind nicht geheilt, weil Sie nicht glauben.«

Vor einiger Zeit rief die junge Frau eines Professors der Oral Roberts Universität meine Frau an. Sie war gerade vom Arzt zurückgekommen und war ziemlich erschlagen. Nach der Untersuchung sagte der Arzt: »Sie haben einen Herzfehler. Wir wissen nicht, wie ernst er ist. Wir müssen ihn sichtbar machen. Wir machen eine Angiographie. Das kann zu einem Herzinfarkt führen. Sie müssen wissen, daß das nicht ungefährlich ist.«

Während sie meine Frau anrief, erhielt ich ein *rema*. »Es wird ihr gut gehen«, sagte ich. Wir verbrachten den Abend zusammen. Während wir beteten, fragte sie: »Glauben Sie immer noch, daß es mir gut gehen wird?« »Ja«, sagte ich, »es wird Ihnen gut gehen.«

In der Nacht wachten meine Frau und ich unabhängig voneinander auf, um im Gebet für sie einzustehen. Am nächsten Tag kam Oral Roberts zu ihr. Er sagte, er hätte gar nicht zu kommen brauchen, es würde ihr gut gehen. Das Wort war also von zwei Zeugen bestätigt worden.

Im Krankenhaus hatte sie sich auf einen chirurgischen Eingriff am nächsten Morgen gefaßt zu machen. Ich kann das nicht erklären, ich weiß nur, Gott ließ mich ihre Angst spüren. Ich betete besonders dafür, daß sie keine Angst vor der Angiographie zu haben brauchte. Daraufhin schlief sie vollkommen ruhig.

Nach der Operation kam der Arzt und sagte ihr, es sähe gut aus, sie hätten nichts gefunden. Auch die Röntgenbilder zeigten keinen Herzfehler. Sie hätten keine Erklärung dafür, aber ihr Herz wäre vollkommen in Ordnung. Sie schickten sie nach Hause.

Das also war ein *rema*. Wir brauchen keine 29 Verse von »Man muß nur glauben«, um den Glauben zu stärken. Es war ein Geschenk von Gott. Ich hatte nichts damit zu tun. Woher wissen wir, daß es ein *rema* war? Weil die Tatsachen es bewiesen! Gott war am Werk. Er sprach, und er heilte.

Sagen wir: »Sie sind geheilt«, dann sollten wir sicher sein, daß wir das von *Gott* gehört haben. Oft sind Menschen geheilt, weil sie *an* Gott glauben. Aber Markus 11,22 sagt uns, es gibt auch Glauben *von* Gott. Spricht Gott ein *rema*, so ist das *sein* Glaube, der Berge versetzt, und der durch absolut nichts zu erschüttern ist. *Dieser* Glaube ist der eines souveränen, allmächtigen Gottes.

PROPHETIE

Prophetie ist im Normalfall ein *rema,* denn sie ist ein bestimmtes Wort zu einer bestimmten Zeit in eine bestimmte Situation. Deswegen müssen wir zurückhaltend sein, ganze Zeitschriften voll Prophetien zu veröffentlichen. Auch wenn sie echt sind, wurden diese Prophetien für eine bestimmte Versammlung zu einer bestimmten Zeit in eine bestimmte Situation gegeben. Sie sind nicht notwendig als allgemeine Prophetien gemeint.

Prophetien, die man von Gruppe zu Gruppe reicht, werden vielleicht angehört, soweit sie einem etwas sagen. Aber die *normalen* Bedingungen, unter denen man ein prophetisches Wort empfängt, sind 1 Korinther 14 aufgezeigt: ein Wort soll einer bestimmten Versammlung gegeben werden und von andern geprüft sein. Werden solche Worte anderen Gruppen gegeben, so werden sie kaum zur Situation der eigenen Gruppe passen.

Oft wissen wir es nicht, aber wir sprechen ein prophetisches Wort. Ich war in Jacksonville, Florida, bei einem presbyterianischen Pastor und seiner Frau zu Besuch. Eines Abends sprachen wir über Heilung. Ich sagte: »Vielleicht haben Sie ein Rückenleiden und Ihre Frau hat Arthritis. Wenn der Herr Sie heilt, ist das eine Gabe des Herrn an Sie beide.« Nachdem die beiden die Geisttaufe empfangen hatten, sagte die Frau zu mir: »Einer der Gründe, die Geisttaufe zu empfangen, war, was Sie über meine Arthritis und das Rückenleiden meines Mannes sagten. Sie können das nicht gewußt haben – außer von Gott!« Das war ein Wort der Erkenntnis, auch wenn ich es damals nicht wußte. Das ist mit 1 Korinther 15,25 gemeint: »Geheimnisse seines Herzens werden offenbar.«

Mit *persönlicher* Prophetie haben wir die meisten Schwierigkeiten. Ich wage zu behaupten, daß 60–70 Prozent der persönlichen Prophetien, die ich erhalten habe, sich als nicht echt herausgestellt haben. Viele hatten bestimmte Zeiten und Fakten zum Inhalt. Oft hören wir Leute sagen: »Ich möchte ein prophetisches Wort von diesem oder jenem.« Häufig aber ist das Wort des Herrn: »Warte auf *mich*« – und wir hören es dann nie, weil wir so beschäftigt sind.

Bitte verstehen Sie das nicht falsch. Ich habe persönliche Prophetien empfangen, und ich glaube daran. Neulich hatte eine der Ältesten unserer Gruppe eine Prophetie, ich sollte mich bei einer

Reise vor Elymas, dem Zauberer, in acht nehmen. Tatsächlich gab es dort, wo ich hinfuhr, Elymas, den Zauberer. Nur war es eine Frau. Diese Prophetie war mir eine Hilfe, in einer bestimmten Situation etwas Bestimmtes zu verstehen. Prophetische Worte sind eher *bestätigend* als weisend.

In der Kirche weht der Geist der *Gemeinschaft* der Gläubigen. Die Gemeinschaft der Gläubigen hat das Recht, Prophetien zu *prüfen*. Gelegentlich muß man Prophetien prüfen und jene zurückweisen, die nicht dem Geist der Versammlung entsprechen.

Während eines besonders schönen Lobpreises hatte eine junge Frau einmal eine Prophetie, die sehr verurteilend war. Sie sagte: »Ihr müßt euch bekehren, oder ihr kommt alle in die Hölle.« Ich mußte sagen: »Es tut mir leid, aber wir nehmen diese Prophetie nicht als vom Herrn an.« Die Dame und ihr Begleiter-Troß standen auf und gingen. Das bewies, daß die Prophetie nicht vom Herrn war. Dem Leib Christi ist das Recht der Prüfung gegeben.

Wenn jemand ein Wort für Sie hat, fragen Sie ihn, ob er nichts dagegen hat, es durch die Gemeinschaft prüfen zu lassen. Weigert er sich, dann ist er kein echter Prophet. Der echte Prophet wird sagen: »Gern, lassen wir es doch prüfen.« Wird es dann angenommen, so ist es eine echte Prophetie.

Der Herr ruft uns, nüchtern und untadelig zu leben und auf seine Stimme in diesen drei Bereichen zu hören und von ihm zu lernen. Jesus wurde wie wir versucht. Jesus aber widerstand der Versuchung. Wir müssen zu unterscheiden lernen zwischen *logos*: allgemein, zeitlos und objektiv, und *rema*: bestimmt, zeitgebunden und subjektiv.

Zum gleichen Thema erschienen:

Francis MacNutt
Die Kraft zu heilen
Das fundamentale Buch über Heilen durch Gebet
4. Auflage, 225 Seiten, kartoniert, DM 24,--/öS 168,--

Jesus lehrte das Volk und heilte die Kranken, und ein Gleiches taten, von ihm ermächtigt und befähigt, die Sendboten der Urkirche. Pater MacNutt ist der begründeten Meinung, daß neben der Wortverkündigung auch die Gabe der Krankenheilung heute noch und heute wieder lebendig ist.

»Das Buch von Pater MacNutt gibt uns einen ausgezeichneten Einblick in die Spiritualität der Gebetsgruppen der charismatischen Erneuerungsbewegung. Hinter den Beispielen der Heilungen steht der Geist des Lobpreises und der Danksagung. Die Liturgie sagt uns immer neu: »Immer und überall Dank sagen« ist der Weg zum Heil und Heil-sein. Wer den Geist des Lobpreises und der Dankbarkeit allein und in Gemeinschaft lebt, weckt die innersten Kräfte des Menschen, gibt ihm ein neues Vertrauen ...«
Bernhard Häring

Francis MacNutt / Barbara L. Shlemon
Heilendes Gebet
Anstöße für Gebetsgruppen
179 Seiten, kartoniert, DM 19,80/ öS 148,--

Die beiden Autoren berichten aus ihrer Erfahrung in Gebetsgruppen über die heilende Wirkung von liebender und bergender Gemeinschaft, die sich im Gebet vereint. Es ist die Erfahrung, daß nicht nur seelisches Leiden vermindert werden kann, sondern daß auch körperliche Verletzungen, wenn sie seelisch mitverursacht sind, geheilt werden können.

M. u. D. Linn
Beschädigtes Leben heilen
Was Gebet und Gemeinschaft helfen können
3. Auflage, 198 Seiten, kartoniert, DM 34,--/öS 248,--

Ein wirklich notwendiges Buch, besonders für alle, die sich mit Krankheit und Leid befassen und an die Macht des Gebetes um den Hl. Geist glauben.
Prof. Dr. Otto Knoch

BÜCHER ZUM THEMA HEILUNG UND ERNEUERUNG

Don Basham
: *Befreie uns vom Bösen*
  Aus dem Amerikanischen übersetzt von
  Dr. W. von Trotha.
  2. Auflage, 208 Seiten, Paperback DM 16,80

George Bennett
: *Das Wunder von Crowhurst*
  oder
  der Heilungsauftrag Jesu
  Mit Beiträgen von Balthasar Fischer und Otto Witt
  112 Seiten, Paperback DM 10,80

Roy Lawrence
: *Wirkungen göttlicher Kraft*
  Heilungsberichte aus einer Gemeinde
  128 Seiten, Paperback DM 10,80

C. Cameron Peddie
: *Die vergessene Gabe*
  Heilen als biblischer Auftrag heute
  128 Seiten, Paperback DM 10,80

Morton Kelsey
: *Träume – ihre Bedeutung für den Christen*
  Aus dem Amerikanischen übersetzt von
  Sulamith Sommerfeld (herausgegeben von
  Dr. Arnold Bittlinger)
  2. verbesserte und erweiterte Auflage,
  104 Seiten, Paperback DM 9,80

Morton Kelsey
: *Schritte auf dem Weg zu neuem Leben*
  20 Meditationen für Christen
  Vorwort von Dr. Arnold Bittlinger
  120 Seiten, Paperback DM 11,80

Norman Renshaw
: *Zur Freiheit geboren*
  Aus dem Englischen übersetzt von Charlotte Werner
  96 Seiten, Paperback DM 9,80

IM VERLAG ERNST FRANZ · 7430 METZINGEN/WÜRTT.